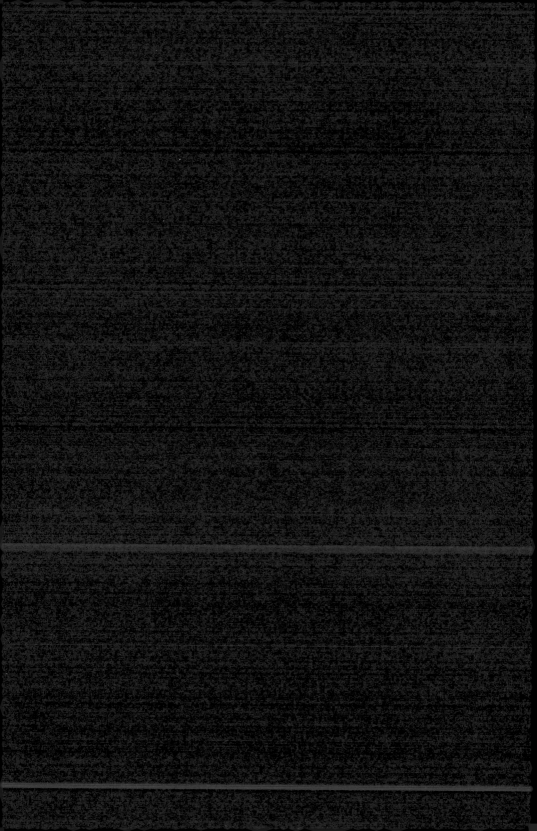

진주 오광대 탈놀음

진주문화를 찾아서 9

진주 오광대 탈놀음

────────

초　판 1쇄 인쇄　2007. 9. 21.

초　판 1쇄 발행　2007. 9. 28.

────────

지은이　정병훈 글 · 리영달 사진

펴낸이　김경희

펴낸곳　(주)지식산업사

주　소　서울시 종로구 통의동 35-18

전　화　(02)734-1978(대)

팩　스　(02)720-7900

인터넷한글문패　지식산업사

인터넷영문문패　www.jisik.co.kr

　　　전자우편　jsp@jisik.co.kr

────────

등록번호　1-363

등록날짜　1969. 5. 8.

────────

ⓒ 정병훈 · 리영달, 2007

ISBN 978-89-423-4829-9　03380

ISBN 978-89-423-0034-1　(세트)

────────

책값은 뒤표지에 있습니다.

────────

이 책을 읽고 문의하고자 하는 이는 지식산업사 전자우편으로 연락 바랍니다.

진주 오광대 탈놀음

정병훈 글 / 리영달 사진

지식산업사

진주문화를 찾아서

　새천년의 문턱을 넘어 첫발을 내딛으면서 우리는 진주문화를 찾아서 길을 나섰다.

　돌이켜 보면 우리 겨레는 지난 세기 동안에 참혹한 시련을 겪었다. 앞쪽 반세기 동안에는 왜적의 지배 아래 값진 삶의 전통을 이지러뜨리고 여지없는 수탈로 굶주림에 시달렸다. 뒤쪽 반세기 동안에는 미·소 두 패권에 깔려 조국이 동강 나서 싸움의 불바다를 겪고, 남북의 독재 권력에 짓눌려 마음껏 살아볼 수가 없었다. 그러나 남쪽에서는 수많은 사람들이 피로써 독재 권력과 싸우며 겨레의 전통과 문화를 되살리는 길을 찾으려 안간힘을 다한 나머지, '80년대를 들어서면서 마침내 독재를 내쫓고 전통을 살리는 길이 보이기 시작했다.

　우리 고장 진주에서도 얼이 깨어 있고 마음이 젊은 사람들이, 갖가지 모임을 만들어, 전통문화를 살리고 사람답게 살려고 마음을 모아 일어섰다. 어떤 모임은 자연을 살리고, 어떤 모임은 말을 살리고, 어떤 모임은 정치를 살리고, 어떤 모임은 언론을 살리고, 어떤 모임은 예술을 살리고, 어떤 모임은 농사를 살리고, 어떤 모임은 힘겹게 사는 이들을 살리고…… 이 모든 일들 안에서 짓밟혔던 겨레의 전통을 되살리고자 했다. 그리고 오래 잊지 못할 여러 일들을 이미 이루어서 우리 모두 자랑스러워하고 있다.

이런 세상의 흐름을 타고, 우리가 진주문화를 찾아서 나설 수 있었던 힘은, 무엇보다도 '남성문화재단' 에서 나왔다. 이 재단이 진주문화의 지킴이며 지렛대임은 진주 사람들이 두루 아는 사실이거니와, 우리가 진주문화를 찾아 나선 뜻이 남성재단이 이루려는 뜻과 어우러지는 것을 자랑스럽게 생각한다. 그리고 이런 뜻이 진주문화를 사랑하는 모든 사람들과 또 다른 고장 사람들에게로 번저 나갈 수 있으면 우리 일에 더없는 보람이 되겠다.

'진주문화를 찾아서' 편간위원회

차   례

송석하가 본 진주 오광대 부흥 운동

　석남(石南) 송석하(宋錫夏, 1904~1948)는 우리나라 민속학의 기초를 놓은 사람이다. 그는 경남 울주군 언양면 출신으로, 일본 도쿄상과대학에 유학하다가 관동대지진으로 귀국하였다. 그 뒤부터 민속학에 몸을 던져서, 한국인으로서는 가장 먼저 민속학의 특징적인 방법인 현지 조사 연구를 시작하였다. 1930년대에는 사재를 털어서, 세상에 알려지지 않았거나 사라질 위기에 처해 있던, 민속의 전승지를 현지 답사하여 민속자료를 조사하고 수집하였다. 그가 최고급 독일제 사진기를 가지고 찍은 민속놀이, 세시풍속, 마을굿, 탈춤 등의 많은 자료들은 대부분 6.25 전쟁 중에 분실되었지만, 아직도 2천 여 점이 유족들에 의해 보관되고 있다. 그는 조선민속학회를 조직하였고, 자신

석남(石南) 송석하
(宋錫夏, 1904~1948)

이 수집한 민속자료를 토대로 훗날 국립 민속박물관을 설립하였다.

그런 석남이 1934년 정월 대보름 진주에 왔다. 진주 오광대를 보기 위해서였다. 그리고 그해 4월 21일부터 30일까지 열흘 동안 《동아일보》에 〈남조선(南朝鮮) 가면극(假面劇)의 부흥기운(復興氣運) ─ 진주 인사(晉州人士)의 성의적(誠意的) 기도(企圖)〉라는 제목으로 진주 오광대를 소개하는 글과 사진을 실었다. 그가 진주에서 본 진주 오광대의 모습은 어떤 것이었을까? 그가 《동아일보》에 쓴 기사의 내용은 무엇이었을까?

석남이 진주에 왔을 때, 그곳에서는 새로운 문화 운동이 벌어지고 있었다. 이 문화 운동은 1930년대 초 전국적으로 벌어진 '향토문화 부흥 운동' 과 때를 같이 한다. 부인위친계, 제3야학회, 각 신문사 지국 등이 나서서 몇 년 동안 중단되었던 진주 오광대를 공연하였다. 이로써 우리 민속예술을 되살리고, 민족정신을 되찾자는 것이었다. 석남은 이러한 진주의 움직임을 전국에 알리려 하였다. 아울러 이 운동이 갖는 의미를 분석하고, 민속예술 부흥의 방향을 제시하였다.

위와 같은 목적에 맞게 석남의 글은, 크게 세 부분으로 구성되어 있다. 첫째, 석남은 당시 우리나라 문화의 문제점을 지적하고, 새로운 문화를 수용하면서 우리 민속예술을 어떻게 전승해 갈 것인가를 논의한다. 둘째, 탈춤의 기원과 갈래를 소개하고, 진주 오광대의 공연 상황과 대본을 실었다. 셋째, 우리 전통가면극의 존속 가능성과 그 방향

《동아일보》1934년 4월 22일자

을 제시했다.

　그 글의 머리에서 석남은 당시 우리나라 문화 현상을 "양화(洋靴)를 신고 갓을 쓰고 자전거를 타는 기괴한 현상"이라고 묘사한다. 이것은 타 문화를 섭취하는 데만 급급하여 이를 소화해내지 못하는 현상을 말한다. 그는 "구문화라고 할지라도 한때 최고 수준에 있었던 문화이니만치 그것을 폐지할 때는 다방면으로 관찰하여 충분히 검토

한 후에 그것이 어떻게 발생하였고, 어떤 형태로 발달하였으며, 어떤 영향을 사회에 미쳤는가를 개관적으로 비판해 들 필요가 있다"고 강조한다. 이를 바탕으로 신문화를 섭취해야 한다는 것이다. 그는 우리나라의 가면극을 예로 들어가며, 구문화를 비판적으로 검토하고, 새로운 문화를 형성하기 위한 방법을 제안했다.

석남은 한국의 가면극을 경기 지역의 '산대도감 놀이', 관서 지방의 '탈춤', 그리고 해안 지방의 '오광대극'으로 나누고, 진주 오광대를 오광대극에 속하는 탈놀이로 분류했다. 석남에 따르면, 이 오광대는 고려 초기부터 내려온 궁중의식인 나희(儺戲)에서 비롯된 것으로, 의식과 연극을 동시에 가진 초기적 형태의 탈춤이다.

석남은 오광대가 중국 색을 벗어나 한국 특유의 독자적인 특징을 가지고 있다는 점에 주목하면서, 진주 오광대의 네 과장을 매우 자세히 채록하였다. 그는 진주 오광대를 정월 초부터 '집돌림구걸', 즉 지신밟기를 하고 대보름날 달집태우기 행사를 마친 뒤에 공연되는 세시풍속으로 보았다. 그 주요 내용은 신분제도에 대한 반감, 파계승에 대한 모욕, 벽사의식이다. 이 오광대는 예술로 보면 무용의 최후 형태에서 벗어나, 연극의 초기 단계에 들어선 민속이다.

석남은 이어서 과연 민속가면극의 생명이 존속될 것인가 또는 존속될 만한 의의가 있는가를 묻는다. 이 물음에 대해 석남은 세 가지 이유를 들어서 가면극의 부흥에 찬성한다. 첫째, 연극에서 가면 사용의 효용성이 입증되었다. 둘째, 가면극은 우리나라 민중의 생활과 정서에 적합하여 민중에게 신명과 감명을 줄 수 있다. 셋째, 가면극은 예술적 표현에서 한국의 것이고, 그 정서적 표현도 한국적이기 때문에 부흥의 의의가 있다.

마지막으로 석남은 가면극의 올바른 전승 방향을 제시했다. 그는 말하기를, 고전 민속예술을 그대로 답습하는 것은 바람직하지 못하며, 그것을 현실에 입각하여 현재의 생활에 적합하도록 변형시켜가야 한다. 이를 위해서는 1)노골적인 연기와 성과 관련된 욕설을 피해야 하고, 2)너무 관중들을 웃기는 일에만 주력해서는 안 되며, 3)연 1회 공연의 세시풍속으로 만족할 것이 아니라, 경제적 여건이 허락하는 대로 시시때때로 무료 공연을 할 것이고, 4)어디까지나 민간 자체의 예술이어야 하고, 직업적인 예술이 되어서는 안 된다고 했다.

오광대가 오랜 휴식기에 있다가 6년 만에 공연되었다고, 석남이 전하는 것을 보아, 당시 우리 민속예술은 점차 피폐해져 가는 상황에 있었고, 탈놀이는 더욱 그러했던 모양이다. 석남의 글에서 우리는 오랜만에 문화 운동의 차원에서 공연되는 탈놀이를 직접 보고 느끼는 그의 감동, 민속예술 부흥 운동의 기운을 전국에 알려야 하겠다는 의지, 그리고 진주뿐만 아니라, 전국적으로 민속예술 부흥이 올바른 방향으로 이루어졌으면 하는 소망을 엿볼 수 있다. 이는 민속학자일 뿐만 아니라, 민속문화의 보존과 전승을 위해 노력하는 문화 운동가 석남의 면모이다.

그러면 당시 전국적으로 휴식기에 들어가 있었던 민속예술의 부흥 기운이 진주에서 일어났던 이유는 무엇일까? 석남이 직접 와서 관람하고 채록한 진주 오광대는 과연 어떤 탈놀이였을까? 석남으로 하여금 '진주라 천릿길'을 '불원천리' 찾아오게 만든 진주 오광대는 도대체 어떤 내용을 담고 있었나?

진주 오광대에 대한 학문적 관심은 송석하의 글이 처음이 아니다. 그보다 5년 앞서 영문학자 정인섭이 진주를 방문하여 오광대를 직접 관람하고, 대사를 채록한 바 있다. 그의 채록본은 1933년 조선민속학회의 학회지 《조선민속》 창간호에 〈진주오광대(晋州五廣大) 탈놀음〉이라는 제목으로 실렸고, 이는 송석하가 한국 최초의 탈춤에 관한 논문 〈오광대 소고(五廣大 小考)〉(《조선민속》 창간호, 1933)를 쓰게 된 빌미가 되었다.

진주 오광대는 이처럼 일찍이 전문가들의 주목을 받았고, 계층에 상관없이 진주 사람 모두의 사랑을 받는 토속 탈춤이었다. 하지만 일제의 탄압으로 1937년에 마지막으로 놀고는 그 명맥이 끊어지고 말았다. 광복한 뒤로 진주 오광대를 되살리려는 노력이 관련 학자들과 지역인들 사이에 없지는 않았다. 광복 이듬해에 '개천예술제'의 일부로 공연되었고, 1930년대에 오광대를 놀았던 김치권(金致權)·최선준(崔善俊) 같은 분들이 1958년 재연하여 복색까지 갖추었으며, 1961년에는 이명길(李命吉)이 새로 연희본을 만드는 등 여러 면에서 복원이 시도되었다. 하지만 끝내 완전한 형태의 재연이 실현되지 못하고, 그 전승이 단절되었다.

시민들의 힘으로 살려낸 진주 오광대

진주 오광대는 우리나라 탈놀음 가운데 최초로 그 대본이 채록된 탈놀음이자 최초로 연구 대상이 되었던 가면극이다. 초기의 관심을 반영하듯이 채록본이 4개, 남아 있는 탈이 30여 개, 생존하는 연희자의 증언과 전수 기량 등 재연의 조건을 충분히 갖추고 있었던 탈놀음이다.

60년 동안 죽어 있었던 진주 오광대를 살리자는 문화 운동이 시작된 것은 1997년 여름이었다. 그 운동의 커다란 계기가 된 것은 1996년부터 진주에서 개최된 '진주탈춤한마당'이었다. 이것은 진주의 한 기업인이 지역문화를 가꾸자는 뜻에서 '삼광문화연구재단'(이사장 김수업)을 세우고, 그 재단의 주요 사업으로 개최한 탈놀음 문화 행사이

진주탈춤한마당

다. '진주탈춤한마당'은 탈춤 축제로서는 우리나라에서 처음이었다. 이 행사는 처음부터 진주 지역이 진주 오광대의 본 고장이라는 사실을 다시 깨우쳐서 진주 오광대를 되살리려는 의도를 가지고 있었다.

진주 오광대의 재연이 본격적으로 거론된 것은 1997년 제2회 '진주탈춤한마당'에서 기획한 학술심포지엄에서였다. 이 심포지엄은 진주 오광대를 주제로 삼았다. 여기서 국내의 탈춤 관련 학자와 전문가들은 진주 오광대의 학술적 가치를 재조명하면서, 진주 오광대를 여태껏 되살리지 못한 일을 안타까워하고, 그 재연의 가능성이 충분하며, 이제라도 재연해야 한다는 데 입을 모았다. 아울러 재연에 필요한 여러 가지 조언을 아끼지 않았다.

이를 계기로 삼광문화연구재단은 그해 8월부터 진주 오광대를 되살리자는 뜻을 시민들에게 내놓았다. 여기에 가장 먼저 호응한 이들은 1970~80년대 대학가에서 일어났던 민속극 부흥 운동에 참여하여 탈춤을 추었던 사람들이었다. 대학 탈패 출신인 나와 강동욱(현 민예총 진주지부장) 등이 주동이 되어 연극인, 악사, 농민, 교사, 교수, 공무원, 회사원, 간호사, 유치원 교사, 주부, 대학생 등 각종 직업의 회원 40여 명을 모았다. 그해 9월 칠암동 성당의 지하 강당에서 유일한 생존 연희자 배또문준(裵又文俊) 선생에게 춤 동작을 배움으로써 본격적인 재연 작업이 시작되었다. 그리고 국악인 김수악 선생(진주검무 보유자)을 비롯한 탈춤 관련 전문가들과 민속학자들의 자문을 받아가며 힘겨운 연습을 시작하였다.

그러자 지역의 유지들이 나섰다. 1998년 정월, 김장하 선생을 비롯한 진주 유지들을 중심으로 '진주오광대복원사업회'가 발족되었고, 시민 운동의 차원에서 재연 준비 작업이 진행되었다. 800여 명의 진주 시민들이 재연을 위해 3천여 만 원의 성금을 모았고, 진주시도 이 재연 사업에 2300만 원을 지원하였다. 진주 오광대 재연 사업이 범시민 문화 운동으로 진행되는 것을 보고,

진주오광대복원사업회 소식지

복원된 진주 오광대 공연

전 동아대 대학원장 정상박 교수는 "1934년《동아일보》에 송석하 선생이 진주 오광대를 극찬한 것과 흡사하며, 역시 진주 시민들답구나" 하고 치하하였다.

진주 오광대를 재연하기 위해서는 재담과 탈, 의상, 음악, 춤, 연희 등이 모두 원형에 가깝게 재연되어야 했다. 잘 전승된 네 가지 재담을 정밀하게 대조하여 김수업 교수가 대본을 만들었다. 진주 오광대를 놀아본 유일한 생존자였던 배또문준 선생이 기억하시는 부분은 그대로 살리고, 미처 기억하지 못하는 부분은 1928년의 정인섭본과 1934년 채록된 송석하본을 바탕으로 삼았다. 부족한 부분은 최상수본과 더불어 가장 최근의 채록본인 이명길본을 참조하였다. 탈은 1934년 송석하 선생이 수집하여 국립중앙박물관에 보관해 놓은 탈들을 당시 박물관 학예부장이셨던 고(故) 한영희 선생의 도움으로 박물관 측의 허락을 받아서 정밀 실측하였다. 그리고 똑같은 모양의 탈들을 고려대 전경욱 교수 등 학계 전문가들과 전문 탈제작자들의 자문을 거쳐서 황병권 회원이 제작하였다. 의상은 한국전통의상 전문가인 박윤미 박사가 채록본에 나타난 의상에 관한 기술을 토대로 하여, 한국복식사가인 문화재 전문위원 김영숙 선생의 고증과 자문을 받아서 제작하였다. 음악은 배또문준 선생이 기억하시는 장단을 바탕으로 하여, KBS국악관현악단의 김상철, 선유풍물연구소의 이중수, 부산시립국악관현악단의 최오성 씨가 진주 검무 보유자 김수악, 남해안 별신굿 보유자 정영만 선생의 자문을 받아서 정리하였다. 춤은 배또문준 선생의 춤사위를 기본으로 하여, 김수악 선생, 경상대 민속무용학과 김미숙 교수의 자문을 받아서 재연하였다. 특히, 김수악 선생은 셋째 과장(양반 – 말뚝이놀음)의 팔선녀 춤을 구성해 주었다. 연희는 배또문준 선생의 연희 동작을 기본으로 하여, 부산대 무용과 채희완 교수, 극단 어화둥둥 대표 정승천 씨의 자문과 지도를 받아서 재연하였다.

1년여 작업 끝에 1998년 5월 23일 남강변 야외공연장에서 제3회 '진주탈춤한마당'의 일부로 진주 시민들과 탈춤 전문가들이 운집한 가운데 역사적인 재연 발표 공연을 갖게 되었다. 이 첫 재연 공연을 지켜 본 대구대 국어교육과 박진태 교수는 "진실로 진주 오광대의 장엄한 부활이요, 진주 시민의 문화적 승리이며, 우리나라 탈춤 연구자에게도 역사적인 날이다"라고 격려하였다.

진주 오광대를 재연한 것은 지난날 진주의 지식인, 청장년, 기생들까지 합세하여 발전시켰던 진주 오광대를 오늘날 살아 있는 민속문화로서 올바르게 전승시키는 데 그 일차적인 목적이 있었다. 또한 이 시

진주 전통예술회관 전경(위), 오광대 연습실 전경(아래)

대의 새로운 놀이문화와 참다운 지역 축전의 모습을 되살리기 위한 노력이기도 하였다.

이후 2000년, '진주오광대복원사업회'를 '진주오광대보존회'(이사장 김장하, 회장 정병훈, 사무국장 강동옥)로 개칭하고 진주 오광대의 전승과 보급에 노력해 온 결과, 진주오광대는 2003년에 경상남도 무형문화재 제27호로 지정되었다. 기능보유자로 배또문준, 기능보유자 후보로 강동옥, 하계윤, 전수조교로 남성진이 지정되었으며, 황병권 등 8명의 이수자와 20여 명의 전수자들이 진주시 전통예술회관에 연습실을 두고 왕성하게 활동하고 있다. 매년 정기공연을 비롯하여, 수차례의 초청공연 등으로 탈춤 문화의 보급과 창조적 전승에 힘쓰고 있다.

진주 오광대를 다시 시작할 때, 우리는 두 가지 뚜렷한 목표를 가지고 있었다. 그 하나는 탈춤이 줄 수 있는 최고의 미적 감흥을 불러일으키는, 예술적으로 가장 뛰어난 탈춤을 만들자는 것이었다. 다른 하나는 탈춤의 비판정신을 올바로 살려서 오늘의 문제를 전통탈춤의 양식으로 표현해 보자는 것이다. 지금도 진주 오광대는 그 목표를 향해 줄달음치고 있다.

우리나라 탈놀이의 기원과 갈래

  탈춤 또는 탈놀이는 탈을 쓰고, 음악에 맞추어 춤을 추고, 노래도 부르고, 몸짓도 하고, 이야기도 하며 노는 연극적인 놀이를 말한다. 그러나 탈놀이는 서양의 가면놀이나 가면극처럼 자기 신분을 숨긴 채 노래 부르고, 춤추며, 잔치를 벌이는 가장무도회나 가장행렬이 아니다. 탈놀이는 탈광대들이 탈판에서 탈을 쓰고 사회에서 일어나는 중요한 '탈'들을 연극의 형식으로 표현하는 놀이이다. 그러니까 탈놀이는 우리 사회의 탈을 없애고자 하는 놀이로서, '탈을 쓰고 탈잡아 노는 놀이'라고 할 수 있다. 한마디로 말해서 탈춤은 사회제도의 문제점들을 트집 잡아 웃음거리로 만들면서 사회의 모순을 지적하는 민중 연극이다. 우리 전통예술 가운데 탈춤만큼 민중의 의식이나 생각을 충실하게 표현하고, 민중의 처지에서 사회를 비판적 시각으로 바라본 것은 없다. 이런 점에서 탈춤의 역사는 곧 민중의 생활사라고 해도 지나치지 않다. 탈춤은 세시풍속의 하나로 전승되어오던 민속극으로서 민중의식이 각성되었던 19세기 후반 가장 성행했던 민중예술이었다.

우리나라에는 여러 지역에 저마다 특색이 있는 탈춤들이 전승되어 왔다. 먼저 어떤 기준을 가지고 탈춤을 갈래 짓기 이전에, 우리나라 각 지역에 현존하는 탈춤의 분포를 살펴보자. 북한 지역부터 보면, 함경북도 북청에 북청 사자 놀음이 있다. 황해도 지역에는 봉산 탈춤, 강령 탈춤, 은율 탈춤이 있다. 동해안 지역에는 강릉 단오굿의 관노 탈놀이가 있고, 동해안 별신굿의 탈놀음굿이 있다. 경북 지역에는 안동 하회 별신굿의 탈놀이가 있으며, 경기 지역에는 양주 별산대 놀이·송파 산대 놀이가 있다. 남해안 지역에는 야유와 오광대가 있는데, 야유에는 수영 야유와 동래 야유가 있고, 오광대로는 통영 오광대·고성 오광대·가산 오광대가 있으며, 진주 오광대도 여기에 속한다. 이밖에 어떤 지역을 기반으로 하지 않는 떠돌이 예인집단의 탈놀이로는 남사당패의 덧배기놀음이 대표적이다.

이러한 탈춤들은 언제, 그리고 어떻게 시작되었을까? 실제로 이 문제는 탈춤에 관해 연구하는 전문학자들 사이에서도 가장 대답하기 어렵고, 의견의 일치를 보기 어려운 문제이다. 그렇게 된 가장 중요한 이유는 탈춤의 역사에 관한 논의에 필요한 자료가 극히 제한되어 있기 때문이다. 탈춤의 경우 역사적 연구를 가능하게 할 만한 문헌 자료가 거의 없는 실정이다. 따라서 여러 학자들은 매우 단편적인 자료에 의존하여 추론하거나, 현재의 탈춤 자체를 분석함으로써 그 기원을

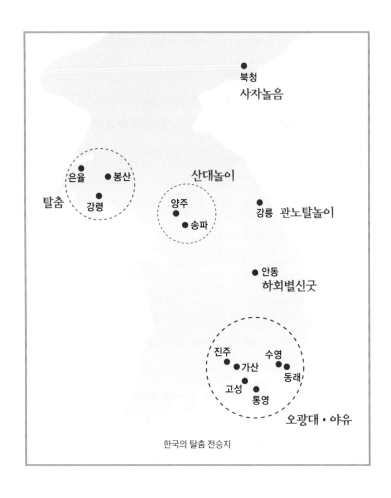

북청
사자놀음

은율 ●봉산
    ●
  ●강령
탈춤

산대놀이

양주
  ●송파

강릉 관노탈놀이

● 안동
하회별신굿

진주   수영
  ●가산 ●
        동래
고성 ●   ●
    ●통영

오광대 · 야유

한국의 탈춤 전승지

추론하거나, 예술이 제의에서 발전되었다는 일반적인 이론에 바탕을
두고 탈춤의 기원을 추론할 뿐이다. 이러한 한정된 문헌자료와 탈춤
에 대한 분석, 그밖의 구전자료에 의존하여 제시된 우리나라 탈춤의
기원에 대해서는 몇 가지의 설이 있다.

첫째는, 탈춤이 궁중의 나례(儺禮) 또는 나희(儺戲)에서 유래했으며,
산대도감극이 전파되어 성립되었다는 설이다. 이 학설은 안확의 나

례기원설, 송석하와 김재철의 산대잡극 기원설에 바탕을 두고 있다. 이와 조금 차이가 나지만 문화전파설의 관점에서 이혜구는 연극학적 방법에 근거하여 기악설(伎樂說)을 주장하였다. 즉 탈춤은 서역계통의 탈놀이인 불교 교화극에서 유래하였으며, 이는 백제 사람 미마지가 중국 오나라에서 배워서 일본에 전해 준 기악과 동일하다는 주장이다.

나례란 중국에서 전래된 궁중 의식으로 음력 섣달 그믐날에 민가와 궁중에서 묵은 해의 잡귀를 몰아내기 위해서 벌이던 의식을 말한다. 고대로부터 가면은 귀신을 쫓는 데 효험이 있다고 믿어 왔기 때문에, 이 나례 행사에는 황금색 눈이 4개인 가면을 쓰고, 곰 가죽을 걸치고, 검정 웃옷과 붉은 치마를 입고, 오른손에 창과 왼손에 방패를 든 방상씨(方相氏)가 등장하여 악공들의 연주에 맞추어 춤을 추었다. 처용무도 이때 추어진 춤의 하나였다. 나례가 궁중 의식을 벗어나 연희화한 것이 나희이다. 여기에는 나례에서 행해지던 연희와 함께 광대들의 창과 예능, 기생의 춤이 곁들여졌다. 우인·배우·창우·광대·재인·수척 등이 연희를 담당하였고, 악공의 반주가 첨가되었으며, 기녀의 춤이 보태져서 잡희라고 불리기도 하였다. 백희나 잡희로 연희되면서 나례는 본래의 잡귀를 몰아내는 축귀행사에서 변화하여, 점차 왕의 행차나 칙사의 위로, 신임 사또의 축하연, 양반 가문의 수연이나 혼사에서도 공연되었다. 종교성보다는 오락성이 강한 놀이로 변모된 것이다.

잡희는 산대라고 부르는 여러 장식을 한 가설무대에서 공연되었기 때문에, 이를 산대잡희라고 불렀다. 산붕(山棚) 또는 산대(山臺)는 산과 같이 높은 채붕(綵棚)을 설치하였기 때문에 붙여진 명칭이다. 조선조 전기에 나례산대를 관장하고자 설치한 기관을 나례도감이라 하였고, 나중에 산대도감이라고 불렀기 때문에, 여기서 산대도감극이라는 명칭이 유래한다. 임진왜란·병자호란 등의 전란과 구조적 모순으로 조선조가 쇠퇴함에 따라 산대도감이 해체되고 산대잡극의 연희자들이 지방으로 흩어져서 생긴 것이 산대 놀이라는 주장이 나례설의 기본 입론이다. 이 설을 주장하는 학자들은 문화침강설과 문화전파설의 관점에서 탈놀이의 연원을 중국에서 전래한 궁중 나례에서 찾고, 궁중의 산대잡극이 민간극화하고, 서울의 민간극이 지방으로 전파되었다고 해석한다. 즉 중국 나례에서 한국 나례로, 궁중 산대 놀이에서 민간 산대 놀이로, 서울 산대 놀이에서 지방 산대 놀이의 방향으로 문화가 전파되었다는 것이다. 따라서 양주 별산대 놀이, 송파 산대 놀이

26

뿐만 아니라, 오광대도 서울 산대 놀이의 분파형으로 본다.

이 학설에서는 산대 놀이와 오광대의 관계를 설명하면서, 산대 놀이와 오광대에 벽사 마당, 양반 마당, 중 마당, 할미 마당이 공통으로 들어 있어 벽사 관념, 파계승에 대한 풍자, 양반에 대한 모욕, 남녀의 애정갈등을 담고 있으니 동일한 계통이라고 주장한다. 이 학설의 최초 입론자인 송석하는 다음과 같이 주장하였다.

> 상세한 증빙문헌은 없을 망정 오광대는 나의(儺儀)가 연극화한 때의 초기 분파라고 할 수 있다고 생각한다. 산대 제1과장의 상좌의 축원무용은 오광대의 오방신장 출무에 비할 수 있고, 산대 제11과장의 생원님과 말뚝이의 재담은 오광대의 말뚝이가 양반 모욕하는 것과 합치하며, 산대 최종 과장에서 영감과 할멈을 타살한 후에 자살하거나 진오귀를 하는 것은 오광대의 생원님과 할멈의 가정쟁의(家庭爭議)와 생원님이 할멈을 타살한 후에 봉사가 독경하는 것과 일치한다고 하겠으며, 산대 제8과장 파계승의 장면은 오광대의 서막인 한량무(마산)의 장면에 비할 수 있다고 하겠다. 폐일언하면 산대가면극의 테마인 벽사(辟邪)의 관념과 파계승 및 특수계급(양반)에 대한 반감과 남녀의 애정관계 등을 오광대에서도 똑같이 취급함을 발견할 때에 동일한 나의의 계통이라고 하겠다.(송석하, 〈오광대 소고〉,《조선민속》제1호, 1933, 25쪽,《한국민속고》, 일신사, 1960, 216쪽)

그러나 이러한 학설은 문헌적 증거가 부족할 뿐 아니라, 시대적인 보편성과 내용의 일치되는 부분을 강조한 나머지, 마당의 종류와 구체적인 내용 면에서 나타나는 지역적 차이를 간과하였다. 또한 탈춤이 19세기 후반에 가서 도시형 탈춤으로 발전되는 계기를 설명할 수 없으며 경기 지역의 산대 놀이가 가장 먼저 생긴 탈춤이고, 산대 놀이 이 전파에 따라 각 지방의 탈춤이 나타났다고 보는 것도 근거를 찾기 어렵다.

둘째로, 탈춤의 기원과 형성에 관한 또 한 가지 학설은 탈춤이 각 지역의 민간제례, 즉 마을굿과 민간신앙에서 유래했다는 것이다. 이 관점에서는 탈춤의 기원을 풍농굿과 무속굿에서 찾는다. 한마디로 굿에서 극으로 발전했다는 설이다. 이 학설은 김재철과 이두현에 의해 제의기원설이라는 이름으로 제기되었고, 조동일이 계승하여 농악대 풍농굿 기원설과 무당굿 기원설로 구분된다. 유동식과 김열규의 무속기원설이나, 이상일과 전경욱의 풍농굿 기원설, 서연호의 샤머니즘 기원설이 모두 이 학설에 속하는 것으로 보인다.

조동일은 민속학적·인류학적 방법을 사용하여 탈놀이의 유래를 설명하였다. 그는 탈놀이를 굿과 관련시켜 과거로 거슬러 올라가며 추정하는 재구성의 방법을 사용하였다. 그의 이론은 문화진화설과 토착가면극 발생설에 바탕을 둔 것인데, 탈놀이의 갈등구조는 굿에서 유래한 것으로서 굿의 흔적을 청산하면서 극으로 발전했으며, 민중생활의 변화와 민중의식의 성장이 이 발전 과정을 추동했다는 것이다. 이 학설은 굿에서 극으로 이행과, 제의에서 예술로 이행을 강조한다. 이에 따르면 탈놀이의 원형적 모습은 농악대의 양반광대극인데, 양반 가면은 농악굿에서 주역 구실을 하던 신 가면이 양반 가면으로 전환된 것이다. 예를 들어 주곡동의 서낭굿 탈놀이와 하회마을의 별신굿 탈놀이는 겨울과 여름의 싸움, 성행위에 대한 상징적인 표현에 의해 풍요와 다산을 기원하는 농촌 탈놀이이다. 이 농촌 탈놀이의 내부에서 자연과 인간의 갈등을 주술적으로 해결하려는 탈놀이로부터 인간과 인간의 갈등을 예술적으로 표현하려는 탈놀이로 이행이 일어났다는 것이다. 조동일은 조선 후기 상업의 발달과 민중의식의 성장이 이러한 이행의 빌미가 되었으며, 이를 통해서 별신굿 등의 농촌 탈놀이에서 오광대 유형의 도시 탈놀이가 성장했다고 주장한다.

이 학설에 따르면, 오광대는 도시 탈놀이로서, 농촌형 탈놀이가 민중의식이 각성되고 상업이 발달한 지역이었던 초계의 밤마리 오광대와 신반의 신반 오광대를 비롯하여 수영과 동래의 들놀음, 통영·고성·김해·진주·가산의 오광대와 같은 도시 탈놀이로 전환되었다는 것이다.

그러나 이 학설은 마을굿 단계의 탈놀이에 대한 관심을 보이지 않을 뿐 아니라, 밤마리 탈놀이와 오광대 사이의 영향 관계를 설명하는 데 무력하다. 나아가 풍농을 비는 농악대의 상징적인 주술에서 탈놀이의 연원을 찾으면서도 무속적 원리를 배제해 버리는 난점이 있다.

셋째는, 두 기원설 즉 문화전파설과 문화진화설을 통합하려는 학설로서 정상박·박진태·서연호의 관점이다. 이들은, 우리나라의 탈춤은 지역이나 분포에 따라 그 기원을 달리한다는 견해를 취한다. 예를 들어 경기 지역 산대 놀이와 남해안 지역 오광대의 기원은 각각 다르다는 견해이다. 산대 놀이가 나례기원설 또는 산대도감극 전파설로 설명될 수 있는 반면에, 오광대는 마을굿 기원설과 토착 가면 발생설로 설명하는 것이 타당하다는 주장이다. 그러므로 이 관점에서는 우리나라 탈춤은 산대도감극 계통극과 비산대도감 계통극으로 구분된다.

정상박은 비산대도감 계통극을 다시 토착예인탈춤과 유랑예인탈춤으로 구분한다. 그는 풍농굿 기원설과 무굿 기원설을 다시 통합하면서, 들놀음이 풍요와 다산을 기원하는 농경의례에서 성립한 반면에, 오광대는 오방신장을 숭상하는 민간신앙(무속신앙)에서 성립하였다고 주장한다. 들놀음과 오광대가 각각 낙동강 동편과 서편에 분포되어 있는 것은 서로 역사적·지리적 배경이 다르다는 사실을 시사한다고 파악한다. '들'은 농경 장소를 뜻하므로 들놀음은 농경 장소에서 하던 농경의식에서 유래한 것과 달리, 오광대는 오방신장무로부터 비롯되었으므로 그 형성의 연원을 무속신앙에 두는 것이라고 본다. 그는 예인 오광대(신반 대광대, 남해 화방사 매구패, 하동 목골 사당)와 토착 오광대(통영, 고성, 가산, 마산, 김해)를 구분하여 향촌가면극을 제시한다. 또한 농경의례를 바탕으로 한 자생적인 소박한 토착탈놀이가 떠돌이 탈놀음의 영향을 받아 형성되었다고 주장한다. 농경의례에서 자생적으로 시작되어 연극으로 발달하면서 외부의 영향을 받았는데, 특히 조선조 후기 떠돌이탈놀음의 영향을 받아 오늘날과 같이 극적 내용을 갖게 되었다고 설명한다. 탈놀이의 형성 시기도 지금으로부터 200년 전보다 훨씬 이전으로 잡는다.

한편, 서연호는 오광대 및 들놀음과 서울 산대 놀이의 동일형 분파설을 비판하면서, 오광대가 신라의 탈놀이 문화를 계승하고 공간적으로는 낙동강 상류의 탈놀이의 영향을 받아 성립된 것이라고 주장한다. 그러나 그는 하회 별신굿 탈놀이와 같은 낙동강 상류의 탈놀이와 오광대의 상호 관련성이나 영향 관계에 대해서는 구체적인 논증을 제시하지 않았다.

또한 박진태는 산대도감 계통극이 나례잡희의 광대소학지희에서 분화한 민속극임을 인정하면서, 이와는 달리 오광대는 낙동강 지역에 나타나는 자족적인 마을제의적 굿탈놀이가 발전된 것이라고 주장한다. 그의 굿탈놀이설에 따르면, 하회 별신굿 탈놀이, 병산 탈놀이, 수동 별신굿 등은 1924년까지 3년마다 정월 대보름의 별신굿에서 행해졌다. 정월 3~12일에 서낭대를 앞세워 걸립을 하고, 14일에 무당이 신(서낭신)을 받고 나서, 다음날 당에서 별신굿을 벌인다. 그러나 그는 유랑광대의 오광대와 토착광대의 오광대의 차이를 설명하지 못하였다. 그것들이 동일한 작품인가, 만일 동일한 작품이었다면 두 집단이 합작한 것인가 하는 의문이 남는다. 또한 제의에서 예술로 변화하는 양상에 따른 오광대 및 야유의 변화를 충분히 설명하지 못하였다.

나는 이 책에서 세 번째 견해를 잠정적으로 수용하고자 한다. 왜냐하면 우리나라 탈춤의 기원을 지역이나 분포에 따라 각각 달리 설명하는 것이 설득력 있어 보이기 때문이다. 산대 놀이가 나례기원설과 산대도감극 전파설로 잘 설명될 수 있는 반면에, 오광대는 마을굿 기원설과 토착 가면 발생설로 설명하는 것이 더욱 타당하다. 따라서 나는 우리나라 탈춤을 우선 산대도감 계통극과 비산대도감 계통극으로 구분하고자 한다. 그리고 비산대도감 계통극은 다시 도시형 탈춤과 농촌형 탈춤으로 나뉜다. 농촌형 탈춤은 한 지역에 오래 머물러 붙박이로 사는 향인광대들이 춘 토착예인형 탈춤을 말한다. 반면에 도시형 탈춤은 다시 두 가지로 나뉠 수 있는데, 역시 한 지역에 붙박이로 사는 예인들의 탈춤인 토박이 탈춤과 전국을 유랑하던 유랑예인 집단의 탈춤, 즉 유랑예인형 탈춤이 그것이다. 이러한 구분에 따른다면, 우리나라의 탈춤은 다음과 같이 분류할 수 있고, 진주 오광대는 비산 대도감 계통극에 속하는 토박이형이거나 유랑예인형의 탈춤이다.

산대도감극 계통 여부	도시/농촌 구분		탈놀이
산대도감 계통극	도시형	토박이형	해서 지역 탈춤, 경기 지역 산대 놀이
		유랑예인형	남사당패 덧배기 놀음
	농촌형	토박이형	
		유랑예인형	
비산대도감 계통극	도시형	토박이형	오광대 탈놀음
		유랑예인형	대광대패 탈놀음, 솟대쟁이패 탈놀음
	농촌형	토박이형	야유, 북청 사자 놀음, 관노 탈놀이, 하회 별신굿 탈놀이, 도동 오광대
		유랑예인형	

오광대 탈놀음은 낙동강을 타고 흐른다

낙동강을 중심으로 그 서쪽에 전승되는 탈놀이를 오광대 놀이, 동쪽에 전승되는 탈놀이를 야유(野遊) 또는 들놀이라고 불러왔다. 그러면 이 야유와 오광대가 낙동강을 중심으로 집중되어 있는 이유는 무엇일까? 또 이 지역에 야유와 오광대가 나타나고, 서로 영향을 주고받는 데는 어떤 문화적 배경이 작용했는가? 또 야유와 오광대에 속하는 탈놀이들은 어떤 공통점과 차이점을 지니는가?

앞에서 우리나라 탈춤의 역사와 갈래를 살펴보았듯이, 오광대의 기원에 관한 초기의 학설은 오광대가 산대도감극 계통의 탈춤으로서 경기 지역 산대극의 영남 분파형이고, 그것의 원류는 합천 초계 밤마리를 거점으로 활동하던 대광대패의 오광대라는 것이다. 이것이 이

초계 밤마리

른바 밤마리 오광대 원류설이다. 이 설을 최초로 주장한 사람은 역시 송석하이다.

　오광대를 직접 포태하여 분만한 것은, 초계 밤마리(현 합천군 덕곡면 율지)의 대광대임은 사실이라고 할 수 있다. 좌수영, 부산, 동래, 김해, 창원, 통영의 오광대 및 야유 이입 계통이 모두 초계에 있던 수영 사람이 보고 와서 창설한 것이며, 동래읍은 수영의 것을 본받아 60년 전에 시작한 것이고, 부산서는 약 40년 전에 동래 수영의 것을 모방하여 시작하였다고 한다. 김해의 오광대는 약 40년 전에 동래의 것을 모방하여 시작하였고, 창원은 약 40년 전에 초계 '대광대' 에 의하여 습득한 것이라 하며, 통영은 약 30년 전에 창원제에 의하여 만든 것이라 한다. 진주만은 약 50년 전에 의령군 부림면 신반리 대광대에 의하여 창설되었다고 전해온다.(송석하, 〈오광대 소고〉, 《조선민속》 제1호, 조선민속학회, 1933, 21~22쪽)

일제 말기부터 1950년대에 걸쳐서 야유와 오광대를 집중 조사하고 연구하였던 최상수 역시 현지인들로부터 탈놀이 기원에 관한 전승 설화를 채집하여 다음과 같은 설화적 근거를 제시하였다.

옛적 어느 해 대홍수 때의 일. 큰 나무 궤짝 하나가 초계 밤마을에 떠내려 왔었다. 마을 사람들이 이를 건져서 열고 보니, 그 속에는 가면이 그득하게 들어 있고, 그것과 같이 《영노전 초권》이라고 하는 책이 한 권 들어 있었다. 그 당시 그 마을에는 여러 가지 전염병 기타 재앙이 그치지 않으므로, 좋다는 방법은 다하여 보아도 별무신통 아무런 효과가 없었다. 그럴 때 마침 어떤 사람의 말대로 탈을 쓰고 그 책에 쓰여져 있는 그대로 놀음을 하여 보았더니 이상하게도 재앙이 없어졌다고 한다. 그런 뒤로 이 마을 사람들은 해마다 탈을 쓰고 연희하여 왔었던 것이라고 한다. (최상수,《野遊·五廣大 가면극의 연구》, 성문각, 1984, 100~101쪽)

이두현 역시 최상수가 채집한 것과 비슷한 설화를 제시하였다. 다만 탈 궤짝이 충청도에서 왔기 때문에 충청도 사람을 불러다가 놀게 하였다는 말을 여기에 덧붙인다.

낙동강 홍수 때 큰 궤가 하나 밤마리 앞 언덕에 닿았는데, 열어보니 탈과 기타 탈놀이 도구가 들어 있었다. 처음에는 모두 손대기를 싫어하였으나, 인연이 있어 닿은 것이니 탈놀이를 해야 한다고 하여 놀게 되었다. 또 이 궤가 충청도 쪽에서 왔다고 하여 충청도에서 사람을 불러다가 놀았다. (이두현,《한국의 가면극》, 일지사, 1979, 245쪽)

이러한 설화를 근거로 이두현은 기존의 이론을 확대하여 오광대를 경기 지역 산대 놀이의 영남형 분파라고 단정하였다.

낙동강 상류의 하회동 별신굿 놀이와 중류의 율지오광대, 하류인 가락의 오광대, 그리고 다시 해로로 수영까지의 분포 사이의 맥락을 생각할 수 있으며, 또 충청도에서 연희자를 불러다가 놀기 시작하였다는 이야기는 중부의 산대극과의 영향 내지 그 분파로서의 계통을 상정할 수 있다는 하나의 방증이 되는 전설인 것 같다. 사실 그 내용의 주제성에 있어서 동일하며 다만 연출의 세부에 있어서 지방적 차이를 볼 수 있을 뿐이므로 산대도감극 계통극의 하나라고 할 수 있겠다.(《한국가면극》, 문화재관리국, 1969, 327쪽)

이들은 모두 산대 놀이의 분파로서 초계에 형성된 오광대가 낙동강을 타고 그 하류 지역으로 전파되어 각 지방에 같은 계통의 오광대가 성립했다는 것이다. 진주는 1890년대에 의령에서 전파되었으며,

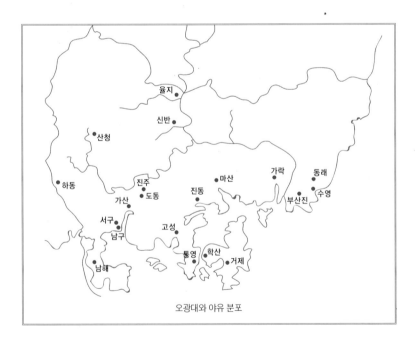

오광대와 야유 분포

수영과 동래는 1870년 율지에서, 창원은 1890년대에 율시에서, 부산 진은 1890년대에 수영에서, 김해 역시 같은 시기에 동래에서, 통영은 1900년대에 창원에서 각각 전파된 것이 된다. 요약하자면, 대체로 19세기 말엽부터 20세기 초엽에 걸쳐서 초계군 율지리(밤마리)에서 각 지로 전파되었다는 것이다.

그러나 이러한 학설은 몇 가지 중요한 난점을 포함하고 있다. 무엇 보다 탈놀이가 내륙의 물길을 통해서는 충청도에서 밤마리로 유입될 수 없었을 뿐만 아니라, 충청도 지역은 탈놀이가 전승되고 있지 않다. 따라서 경기 지역을 중심으로 탈놀이가 지역적으로 전파되어 갔다는 주장은 무리가 있다. 19세기 말엽 그렇게 짧은 기간 동안에 각 지역의 오광대가 형성되었다는 주장은 더욱 믿기 어렵다. 또한 이 학설은 각 지역에서의 독자적인 토착적 탈놀이의 전승과 발전을 전혀 염두에 두지 않았다. 아무리 춤과 예능에 재주가 있다고 해도 다른 지역 사람들이 전문예인들의 공연을 몇 번 보고서 배우기는 어렵다. 토착인들이 전문예인들의 공연을 보고 배우거나 모방할 수 있었다면, 이는 그 지역에 소박한 탈놀이 형태가 이미 전승되었을 가능성을 확인시켜 준다.

따라서 최근의 탈춤 연구 학자들은 산대 놀이가 전파되기 이전에 각 지역에 소박한 형태의 탈놀이가 이미 전승되어 왔을 가능성을 고려한다. 이러한 가능성을 염두에 두고 서연호는 낙동강 유역을 중심으로 한 영남 일대에서 발굴된 유물이나 고문헌의 기록들을 제시하면서 오광대의 독자적 발생을 입증하고 있다.

1. 1946년 경주 호우총(壺杅塚)에서 발굴된 목심칠면(木心漆面) ─ 국립

박물관 편,《호우총(壺杅塚)과 은령총(銀鈴塚)》, 1948 참조.

2. 하회별신(河回別神)굿 탈놀이의 주지 가면 — 서연호, 〈하회 별신굿 놀이〉,《문화예술》 104호, 1986 참조.

3. 신라(新羅)의 아찬 이사부(異斯夫)가 우산국(于山國)을 정복하는 데 사용했다는 목우사자(木偶獅子) —《삼국사기(三國史記)》〈신라본기 제4(新羅本紀第四)〉 참조.

4. 우륵(于勒)이 지은 12곡(曲) 중 제8곡이었다는 사자기(獅子伎) —《삼국사기(三國史記)》〈악지(樂志)〉 참조.

5. 최치원(崔致遠)이 묘사한 산예기(狻猊伎) — 최치원(崔致遠), 〈향악잡영오수(鄉樂雜詠五首)〉 참조.

6. 신라 대덕(大德) 경흥(憬興)의 병을 고치기 위해 만든 십일양면(十一樣面) —《삼국유사(三國遺事)》〈감통 제7(感通第七)〉 참조.

7. 신라 때 산신(山神)의 춤을 모방하여 탈을 만들어 추었다는 상심면(象審面) —《삼국유사(三國遺事)》〈처용랑조(處容郎條)〉 참조.

8. 화랑 관창(花郎 官昌)의 일대기를 기리기 위한 황창가면(黃昌假面) —《동경잡기(東京雜記)》제1(第一), 〈풍속조(風俗條)〉 참조.

(서연호,《野遊·五廣大 탈놀이》, 열화당, 1989, 72쪽)

이러한 자료들은 이미 율지오광대가 성립하기 오래 전인 신라시대부터 이 지역에 여러 형태의 탈놀이가 전승되고 있었음을 말해 준다. 따라서 낙동강 유역의 탈놀이는 19세기 말엽에 경남 일대로 전파된 것이 아니다. 신라시대의 탈놀이문화가 이미 소박한 형태의 토착탈놀이로 각 지역에 분포되어 있었다. 다만 율지(밤마리)를 근거지로 활동한 유랑 전문예인 집단인 대광대패의 탈놀이의 영향 아래 성숙되고 발전된 형태를 이루었을 것이다.

아무튼 학자들의 견해가 일치되는 것은 율지가 오광대나 야유의 시원지가 아니라, 성장지 또는 중심지라는 것이다. 또 낙동강 탈춤 문화의 시원을 찾는다면, 오히려 율지보다 상류인 하회로부터 찾는 편이 타당하다는 것이다. 그렇다면 낙동강 유역의 탈놀이는 물길을 따라 상류로부터 하류로 발전해 왔다는 해석이 가능하다. 이러한 해석은 당시 낙동강의 물류 유통상의 지위를 고려하면 상당한 신빙성을 얻는다. 이두현은 당시의 낙동강을 다음과 같이 기술하였다.

> 낙동강은 1930년대까지도 수심이 깊어 하운에 많이 쓰였고, 안동까지도 소금배가 오르내렸다고 한다. 따라서 밤마리는 하항, 또는 하시로서 큰 고장이었으며, 인근 4읍(의령, 합천, 고령, 초계)의 물산의 집산지일 뿐더러 특히 여름철(음력 6월) 함양, 산청 쪽의 삼(베)과 해안지방의 어염과 다른 지방의 미곡 등과의 교역을 위한 난장을 트게 되어 거상들이 모여 대광대패에게 비용을 주어 며칠씩 오광대놀이를 놀게 하였다고 한다.(이두현,《한국의 가면극》, 일지사, 1979, 244~245쪽)

이러한 낙동강 수계에서 율지가 오광대의 중심지가 될 수 있었던 것은, 그곳이 오광대의 발상지가 아니라, 번성한 상업문화를 발판으로 오광대가 크게 성장한 곳이기 때문이다. 이런 사실은 오늘날의 율지를 생각하면 상상이 되지 않는다. 오늘날의 율지는 낙동강변의 한적한 시골마을에 지나지 않기 때문이다. 하지만 조선 후기에는 사정이 달랐다. "강가 나루에 장삿배와 고기잡이배가 숲처럼 왕래하고, 노 젓는 소리와 뱃노래가 서로 어울려 끊일 사이가 없었다"는 것이 당시 낙동강의 모습이다. 율지는 이런 배들이 모이는 강가 장터였고 하운(河運)의 중심지였다. 〈초계지〉에는 밤마리장에 대해서 "한 달에

대광대패의 공연 모습을 복원한 것

여섯 번 장이 서는데, 고깃배 소금배·장삿배가 와서 머문다"고 기록되어 있다. 요컨대 "밤마리는 순수한 상업도시였으며, 정기적 항시가 큰 규모로 열릴 뿐만 아니라,

난장이라 하여 일정한 기간 동안 상설시장이 개설되어 집중적인 상거래가 이루어지는 곳이었고, 이런 기반 위에서 상인이 후원자가 되는 탈춤이 자라났던 것이다."

　여기서 주목할 것이 바로 전문연희집단 대광대패이다. 이들은 1800년을 전후하여 밤마리를 근거지로 삼고, 낙동강의 수계를 따라 각지를 유랑하며 연행을 벌였다. 그들의 연행에는 "울산 서낭당 각시를 앞세운 걸립, 악공연주, 무동놀이, 죽방울받기, 장대 위 재주, 가면극, 오방신장, 중춤, 양반말뚝이춤, 영노 과장, 영감 과장, 사자무 과장 공연" 등이 포함되었다. 바로 그들의 탈놀이가 1860~1920년 사이에 인근 지역에 상당한 영향을 미쳤을 것이다. 진주 오광대만 해도 1890년대에 초계 대광대가 진주에 와서 하는 것을 보고 배웠다고 당시 연희자들은 증언하고 있다.(진주, 정종근·최선준의 말. 1958년 8월)

진주 오광대는 몇 가지나 되나

진주 오광대는 진주에 살며 노래와 춤을 좋아하는 한량들이 모여서 놀았던 토박이 탈놀음을 가리킨다. 그러나 탈놀음 연구자들에 따르면 진주 지역에는 시내의 토착 오광대 이외에 다른 두 종류의 오광대가 더 있었다. 그 가운데 하나는 진주에 본거지를 두고 전국적으로 활동하던 유랑예인집단 솟대쟁이패의 오광대이고, 다른 하나는 과거 진주군 도동면 소재지였던 하대리(지금의 진주시 하대동)에 전승되던 도동 오광대이다. 솟대쟁이패의 오광대는 유랑광대의 연희로서 전문적이고 직업적인 탈놀음이고, 반면에 도동 오광대는 향인광대가 연희하는 토착적이고 농촌적인 탈놀음이었다. 진주 지역에 전승되던 이 세 가지의 탈놀이는 우리가 앞서 살펴본 우리나라 탈놀음의 세 가지 줄기와 일치한다. 그 세 줄기란 첫째 토박이 도시 탈놀음, 둘째 농어촌민을 기반으로 한 토박이 농촌 탈놀음, 셋째 유랑 연희집단의 덧배기 탈놀이를 말한다.

송석하 등이 보고하였듯이, 구전자료에 따르면 진주 오광대는 110년 전 초계 밤마리(합천군 덕곡면 율지리)의 대광대패가 진주에 와서 공연하는 것을 보고 시작되었다는 설이 있다. 또 신반(지금의 의령군 부림면 신반리)의 대광대패에 의해서 창설되었다는 설도 있다. 이를 뒷받침할 근거는 희박하지만, 유랑광대가 진주 오광대의 형성과 전승에 중요한 노릇을 하였음에는 틀림없다. 덧배기 탈놀이를 하였던 유랑광대는 흥행을 위해서 사람들이 많이 모이는 시장 등을 찾아 다녔고, 혹한이나 비수기에는 진주에 돌아와 마을굿에도 참여하고, 정월 대보름에 탈놀음을 벌이기도 하였다. 따라서 그들과 향인광대 사이의 교류는 자연히 빈번하고 친밀했다. 향인광대가 유랑광대로 나서는가 하면, 유랑광대가 향인광대로 토착화하는 경우도 있었다. 따라서 이 세 가지 줄기의 오광대들은 끊임없이 서로 교류하고 영향을 주었을 것이라고 짐작할 수 있다.

그러면 이 세 줄기의 진주 오광대가 각기 어떤 모습이었는지 먼저 도동에 전승되던 토착 농촌형 오광대부터 자세히 살펴보기로 하자.

도동(진주시 하대동, 옛 진양군 도동면 하대리)에서 놀았던 진주 오광대의 모습은 배또문준 옹에 따라서 소상하게 전해진다. 도동에서 탈놀음이 벌어지던 곳은 과거 진양군 도동면(하대리, 상대리, 상평리, 초전리, 장재리) 면사무소의 소재지였던 곳이다. 그곳은 지금은 진주시 구역이지만, 시내에서 동쪽으로 옥봉산과 선학재를 넘어 상대동 남강변에 자리 잡고 있는 농촌으로서 과거에는 상당히 후미진 지역이었다고 한다. 이곳에서 오광대를 놀면 초전리(草田里), 상대리(上大里), 장재리(長在里), 상평리(上坪里) 등에 사는 도동면민들이 모두 와서 구경했다고 한다. 오광대 놀이를 할 당시에 500호 정도였으나 진주시로 편입되고 거주지가 되면서 1천여 호로 늘었다. 본래 살던 주민들은 비닐하우스 채소 농사를 주업으로 하고 있다.

이 마을에서 언제부터 오광대를 놀았는지는 정확히 알 수 없다. 그러나 배또문준 옹이 14세에 구경하였다는 것을 기준으로 추정한다면, 1920~30년 무렵에 이미 오광대를 놀았던 것이 아닌가 싶다. 또 배또문준 옹이 23,4세까지 놀았다는 얘기를 바탕으로 생각하면, 1937~8년 무렵까지 놀이를 하였다고 할 수 있다. 그러면 이들이 놀았던 탈놀음은 어떻게 전승된 것이고, 그 모습은 어떤 것이었을까?

배또문준 옹 등이 전하는 바에 따르면, 진주 시내에 문재영(지금 살아 있다면 100여 세)이란 이가 살았다고 한다. 그는 판소리를 잘해서 권번의 선생 노릇을 할 정도로 가무에 능했던 분으로 오광대의 말뚝이 역을 잘 놀았다고 한다. 이 분의 이름이 진주 오광대에 관한 탈춤 전문가들의 연희자 조사 보고에 나타나지 않는 것으로 보면, 진주 시내의 토착 오광대나 도동 오광대의 탈꾼들과는 계통을 달리하는 전문적인 연희자였을 가능성

배또문준 선생

이 크다. 이 분에게서 이 마을의 한보인(지금 살아 있나면 100여 세)이 40여 세 때 말뚝이 역을 배워 와서 놀았다고 한다. 또 문재영을 초청하여 함께 오광대 놀이를 하기도 하였고, 한보언이 진주 시내로 이사를 간 뒤에도 와서 오광대 놀이를 함께 놀기도 하였다고 한다.

이 마을에서는 매년 음력 정초에 농악을 하였는데, 당산굿→정자굿→샘굿→동사(同舍)굿→집돌금(각 가정을 방문하여 행하는 지신밟기)의 순으로 쳤다. 음력 정월 보름날 오후에 동사 앞 논바닥에서 농악의 마지막 행사인 파짓굿을 치고 술을 나누어 마시고는, 일단 해산하여 각자 집으로 가서 저녁을 먹고 와서, 그 자리에 횃불을 밝히고 저녁 8시 무렵부터 자정이 넘도록 오광대를 놀았다고 한다.

오광대를 유지하기 위한 계(契) 같은 조직은 없었고, 집돌금 칠 때에 내어주는 전곡(錢穀)을 모아 오광대 놀이의 비용으로 썼다고 한다. 이 오광대의 연희자들은 대부분 농사꾼이었다.

진주 지역에 전승되던 오광대의 다른 한 가지 갈래는 초계 밤마리를 중심으로 활동하던 대광대패와 진주를 중심으로 활동하던 솟대쟁이패가 연희하던 오광대이다. 진주의 솟대쟁이패는 의령 신반의 대광대패와 더불어 경상도 지역을 대표하는 전문예인집단이었다. 그들은 고려나 조선의 나례에서 행해졌던 잡희를 전승하여 나름대로 광대들의 놀이형태를 발전시켰다. 솟대쟁이패의 마지막 생존자였던 송순갑(宋淳甲·62, 충청남도)에 따르면 솟대쟁이패는 솟대타기를 중심으로 풍물, 요술(얼른), 대접돌리기(버나), 땅재주(살판), 병신굿(병신놀이)을 공연하는 이외에 오광대 탈놀음을 공연하였다.

대광대패의 본거지였던 초계 밤마리는 지리적으로 경상남도의 중심지에 있었던 동시에, 이 지방의 젖줄인 낙동강의 동강(東江) 중류에 자리하여 상역(商易)의 중심이던 곳이다. 지금은 보잘것없는 한촌(閑村)에 지나지 않지만, 1900년대 초 이전에는 경상도 지방뿐만이 아니라, 전라도와 충청도에 이르기까지 영향을 미치는 교통과 무역의 중심이던 곳이라 한다. 상주(常住)하는 흥행단체(광대패, 또는 솟대쟁이패, 대광대패, 남사당패 등)가 있을 정도로 흥청거렸던 곳이다.

따라서 특정한 민중들의 오락수단이라고는 없었던 당시에 오광대놀이라는 탈놀음을 비롯해서 죽방울받기, 무동놀이, 솟대타기 등은 민중의 열렬한 환영을 받았을 것이다. 또한 이 고장의 세도가(勢道家)들은 접장제도(接長制度)를 허용함으로써 강력한 통제력을 갖는 시장운영기구(市場運營機構)를 만들게 하여 도박장과 각종 오락적 흥행물을 적극 장려했던 바, 그 가운데서도 밤마리의 대광대패는 그들의 비호 아래 클 수 있었으며, 경상도 일원을 자유로이 떠돌 수 있을 만큼 이름이 나게 되어, 그 영향력은 각 고장의 오광대 놀이 형성에 자극을 준 강력한 계기가 되었으리라 보는 것이다.

대광대패 무리는 '울산 서낭당 각시'라는 인형(人形)을 앞장으로 모시고 집집마다 돈 다음, 지정한 일시(日時)에 모닥불이나 횃불을 밝히고 고깔 쓴 잽이〔樂士〕들의 풍물놀이로 시작하여 무동놀이, 죽방울받기, 얼른(요술), 살판(땅재주) 등 곡예(曲藝)와 몸놀림〔體技〕로 흥을 돋우다가 탈놀음인 오광대 놀이를 벌였던 것이다. 먼저 오방신장의 탈을 쓴 다섯 광대가 나와 춤을 추고 들어가면, 이어서 중이 나와서 춤을 춘다. 다시 다섯 광대가 나와 양반 행세를 하다가 말뚝이의 호된 조롱을 받고 쫓겨난다. 그 다음으로 영노, 할미, 영감, 사자놀이 등을 차례로 노는 것이다. 이러한 밤마당 오광대의 내용을 살펴보면, 오늘날 경상남도 각지에 전승되는 오광대 놀이의 연희 순서와 거의 동일한 것임을 알 수 있다.

오광대 놀이에 영향을 끼친 전문·직업적인 유랑예인집단(流浪藝人集團)으로서 대광대패는 그나마 그런대로 알려져 있는 편이나, 거의 같은 구실을 한 솟대쟁이패에 대하여는 밝혀지지 않고 있는 실정이다. 솟대쟁이패의 꼰두쇠(또는 곤두쇠. 땅재주꾼)였던 송순갑의 증언에 따르면, 진주는 솟대쟁이패의 본거지였다. 그는 8살 때 고아로 이 패거리에 들어가 이우문이란 사람으로부터 살판을 배웠다. 이우문은 4대째 내려오는 솟대쟁이패의 꼭두쇠[頭目]였다. 이우문의 밑으로 사자(성은 김 씨)로 불리던 지금껏 살아 있으면 100세쯤 되었을 사람과, 경기도 사람 박희철(역시 살아 있으면 100세쯤 되었을), 그리고 이우문의 동생인 이재문(살아 있으면 70세 안팎), 날라리를 불고 얼른을 잡던(요술을 하던) 정일파(鄭一波·79, 지금 충청남도 당진에 살고 있을 것으로 추정) 등이 함께 새미(무동)놀이, 얼른, 병신굿(탈을 쓰지 않음), 꼰두질, 오광대(탈을 씀), 쌍줄백이(쌍줄타기) 등을 가지고 경상도를 떠돌아다녔다.

쌍줄백이라 하는 것은 솟대처럼 높은 장대를 하나 세우고 그 꼭대기로부터 두 가락의 줄을 평행으로 늘여, 밑에 두 개의 말뚝을 받아 고정시키고 그 위에서 두 사람의 쌍줄백이꾼이 '팔걸음', '고물무치기' 등의 묘기를 노는 것이다. 새미놀이는 풍물[農樂]놀이에서 무동놀이와 비슷한 것이고, 꼰두질은 두 사람이나 세 사람의 꼰두쇠가 솟대 밑에 간 대여섯 닢의 멍석 위에서 '앞곤두', '뒷곤두', '살판' 등

46

을 하는 것이다.

병신굿에서는 양반과 상놈 역을 맡는 두 어릿광대가 나와 '양반이나 상놈이나 못된 짓 하는 놈은 모두 병신'이라는 줄거리의 놀음놀이를 하는데, 탈은 쓰지 않는다.

대광대패와 솟대쟁이패의 세련된 양식을 가진 오광대

19세기 말의 솟대쟁이들. 김준근(金俊根),《기산풍속도첩(箕山風俗圖帖)》에서

놀이를 진주 시내에서 공연함으로써 진주 지역의 토착 오광대 놀이의 형성에 상당한 영향을 주었을 것으로 생각된다. 정상박 교수는 진주 시내의 토착 오광대와 유랑예인집단 오광대 사이의 관련성을 다음과 같이 말한다.

밤마리와 신반의 대광대패 오광대는 전문적 예인이 각지에 다니면서 놀던 가면극인데 반하여, 여타 지방의 가면극은 그 지방의 주민 중에서 노래와 춤에 능하고 신명 있는 청장년(靑壯年)들이 모여서 노는 것이다. ······ 연희하는 주체가 누구냐에 따라 밤마리와 신반에 각각 근거지를 두었던 대광대패의 오광대와 여타 지방에서 놀이를 좋아하는 비전문인이 노는 오광대로 나눌 수 있을 것이다. ······ 전자를 '流浪藝人集團五廣大(약칭―예인오광대)'라 하고, 후자를 '土着素人集團五廣大(약칭―토착오광대)'라 부르기로 한다. ······ 이 두 갈래의 오광대를 동일한 것으로 인식하였기 때문에 동일한 오광대가 경남 지역에 전파된 것으로 오인하게 된 것이다.(정상박,《오광대와 들놀음 연구》, 집문당, 1986, 44~47쪽)

송석하의 자료에는 "일방(一方) 초계율지(草溪栗旨) 대광대, 의령 신반(宜寧新反) 대광대, 하동(河東) 목골사당, 남해 화방사(南海 花芳寺) 매구 간(間)에는 유기적 관계가 존재하는 모양이다"라는 부분이 있다. 이는 경남 지역에 상당수의 유랑예인집단이 활발한 활동을 하며 서로 교류를 하였음을 보여 준다. 따라서 이들 유랑예인집단이 성행했던 19세기 후반은 경남 각 지역의 토착 오광대가 산대 놀이 계통의 가면극을 노는 유랑예인집단의 영향을 받아 좀 더 오락적인 면모를 띠게 되었다는 해석이 가능해진다.

정상박 교수는 이러한 기준으로 "합천의 율지, 의령의 신반, 남해의 대곡, 진주 등지는 유랑예인집단 오광대의 본거지이며, 통영·고성·마산·진주, 진주의 도동, 산청, 김해의 가락, 진동, 창원, 거제, 거제의 학산, 사천의 가산, 서구, 남구 등지는 토착 오광대의 전승지로 보인다"고 기술한다.

마지막으로 진주 시내에 전승되던 토착 진주 오광대에 대해서 알아보자. 역사적으로 볼 때, 진주 오광대는 신라의 탈놀이로부터 전승된 토착 탈놀이가 낙동강 유역의 다른 탈놀이들과 유랑광대의 탈놀음의 영향을 받으며 발전되어 19세기 말에 가서 오늘날과 같은 모습을 갖추게 되었을 것으로 추정된다. 그 뒤 진주 고을의 세시풍속적 대동놀이로서 전승되다가 1920년 무렵에 쇠퇴하였으나, 1930년대 민족주의적 향토문화 부흥 운동과 때를 같이하여 지역의 부인위친계, 제3야학회, 각 신문 지국의 후원으로 다시 공연되었다.

진주 시내에서는 음력 정월 보름날 저녁에 오광대 놀이를 했는데, 봉곡동 타작마당거리와 남강 백사장 등에서 주로 공연되었다. 나중

에는 중안동 제3야학 운동장, 상봉동 정미소 앞마당, 평안동 삼포극
장 등에서도 놀았다고 한다. 음력 정월 보름에 진주 수정산 언덕에 달
이 뜨고 달집에 불길이 오르면, 잽이들의 풍물놀이와 함께 시작되었
던 오랜 전통의 세시풍속인 것이다.

진주 오광대의 전승에 대해서는 민속학자 서연호가 진주를 답사했
을 때 들었던 설화를 참조할 수 있다.

어느 해 홍수가 나서 남강의 물이 불었는데, 큰 궤짝 하나가 떠내려
왔다. 사람들이 열고 보니, 그 속에 탈과 제복과 놀이에 대해 자세히 기
록한 책이 한 권 들어 있었다. 사람들은 옷을 입고 탈을 쓰고 책에 쓰인
대로 놀기 시작했다. 그랬더니 집안과 마음이 편안해지고 마음도 즐거
워졌다. 진주탈은 이렇게 해서 생겼다.(서연호,《野遊·五廣大 탈놀이》, 열화
당, 1989, 74쪽)

학자들은 이러한 설화를 가진 토착 진주 오광대가 낙동강 수로를
거쳐서 영남 각 지역으로 전파된 오광대와 야유 계통의 가면극 가운
데 하나라고 파악한다. 밤마리 오광대가 인근 야유(수영·동래·부
산)와 오광대(마산·김해·통영·진주 등)에 영향을 미쳐서 각 지역
에 오광대가 형성되었고 그 시기는 대략 1870~1900년 무렵이다. 송
석하는 초계─수영─동래─부산진, 동래─김해─초계─창원, 신
반─진주 등으로 전파경로를 잡는데, 이를 바탕으로 추정하면 초계
오광대는 1870년 이전, 신반 오광대는 1880년 이전, 동래는 1870년,
진주는 1880년대, 부산과 김해는 1890년대, 통영은 1900년대에 형성
되었을 것으로 보인다.

이러한 견해들을 종합한다면, 우리는 진주 오광대의 형성과 갈래에 대해서 다음과 같은 사실들을 집약할 수 있다.

1) 진주 오광대에는 솟대쟁이패 오광대, 토착 진주 오광대, 토착 도동 오광대의 세 가지 오광대가 존재했다.

2) 진주 오광대는 시간적으로는 신라 탈놀이로부터 전승된 토착 탈놀이가 발전된 형태이고, 공간적으로는 낙동강 상류 탈놀이의 영향을 받아 성립된 것이다.

3) 오광대의 형성 과정에서 유랑광대의 오광대(도시 탈춤)와 향인 광대의 오광대(토착 농촌 탈춤)로 이분화되었다.

4) 진주 오광대는 마을굿(서낭제)과 깊은 관련을 가진 세시행사였다.

5) 마을걸립과 서낭제의가 결합하여 전승되면서 인근 지역에 근거를 둔 대광대패(솟대쟁이패)의 영향을 받았을 것이다.

6) 유랑하는 전문예인집단을 통해서 산대 놀이의 영향을 간접적으로 받았을 가능성도 있다.

7) 마을 단위의 신앙적 차원을 벗어나, 범지역적, 탈세시적, 민중 취향적 연극으로 변모하는 단계에 있었다.

8) 19세기 후반의 민중의식 성장과 함께 현재의 모습을 갖추게 되었다.

'오광대'는 그 어원으로 보면, '다섯 광대의 놀음'이라는 뜻을 가지는데, 여기서 광대(廣大)란 '탈을 쓰고 노는 사람'을 말한다. 또한 다섯이란 수는 오행사상에 근거한 오방(五方) 개념에서 온 것이다. 이는 중앙과 동서남북의 다섯 방위를 가리키는 것으로 오방신장놀음과 오문둥이놀음에서 잘 나타나는데, 특히 오방신장은 오행사상과 벽사 관념이 결합된 것이라고 할 수 있다.

진주 오광대는 전체 다섯 마당으로 이루어져 있다. 제1과장 신장 놀음(오방신장무), 제2과장 오탈놀음(문둥이 과장), 제3과장 말뚝이 놀음(양반 과장), 제4과장 중놀음(중 과장), 제5과장 할미놀음(할미 과장)이 그것이다.

그 가운데 첫째 마당인 오방신장놀음을 보자. 염불 타령에 따라서 다섯 방위의 천신인 중앙 황제장군, 동방 청제장군, 남방 적제장군, 서방 백제장군, 북방 흑제장군이 각기 자기 방위를 가리키는 색깔의 오색 철릭을 입고 호수를 단 갓을 쓰고 차례로 춤을 추며 등장한다. 음악이 굿거리로 넘어가면, 무언으로 벽사의 춤을 추다가 차례로 퇴장한다. 우주 전체와 영원을 다스리는 신장들이 내려와 춤을 추면서 땅 위의 모든 잡귀와 잡신을 누르고 몰아내는 마당이다. 동시에 이 마당은 탈놀이판을 정화하는 기능을 가지고 있다.

둘째 마당은 문둥놀음이다. 요란한 장단과 함께 관중 속에서 오방 색의 탈을 쓴 다섯 문둥광대가 느닷없이 나타나 야단스러운 춤을 춘다. 춤을 끝내고 투전 놀음을 하는데, 어딩이가 무시르미를 업고 들어와서 판돈을 훔쳐 달아났다가 잡혀 와서 혼이 나고, 마침내 돈을 얻어서 물러나면, 문둥광대들이 흥거운 춤을 춘다. 이 마당은 다섯 문둥이, 반신불수인 어딩이, 천연두 환자인 무시르미의 병신놀이를 통해서 불구와 질병 때문에 소외당하고 심성이 뒤틀린 최하층민들의 애환을 나타낸다. 오방지신이 나타나서 갖가지 병신춤을 추고 놀면서 무서운 질병이 신을 몰아내고 마을이 안녕과 평화를 지켜주는 내용이라고 해석될 수도 있다.

셋째 마당은 말뚝이놀음인데, 말뚝이가 문둥광대들을 쫓아내고 나면, 염불 타령 장단에 맞추어서 생원, 차생원, 옹생원이 차례대로 등장, 말뚝이와 재담을 주고받는다. 한없이 유식한 하인 말뚝이가 무식한 주인 생원님과 주인의 친구인 옹생원, 차생원을 골려먹는 놀이로서 신분으로 사람을 차별하는 사회제도의 모순을 보여주는 마당이다. 특히 양반과 말뚝이의 대결을 통해서 특권계급의 몰락과 노비의 해방을 부르짖는 의미를 지닌다.

넷째 마당은 중놀음인데, 팔선녀와 양반들이 춤을 추고 있는 동안 노장이 상좌를 데리고 나타난다. 노장은 상좌를 시켜 두 미인을 호려서 춤추고 놀다가 사랑에 빠져서 가사 장삼을 벗어던진다. 생원이 말뚝이를 시켜 노장을 잡아들이게 하니, 노장은 곤욕을 치르게 된다. 산 속에서 수도하던 스님이 속세에 내려 왔다가 양반들이 팔선녀와 어울려 노는 것을 보고 세상 재미에 넋을 빼앗기는 놀이로서, 당시 불교의 타락을 비판하는 내용이라고 볼 수 있다.

다섯째 마당은 할미놀음인데, 허리를 내놓고 담뱃대를 문 할미광대가 재담을 하며 나타나고, 집 나갔다 돌아오던 생원님을 만나지만, 색시를 둘씩이나 데려온 사실을 알고는 풍파가 일어난다. 말다툼을 하다가 영감에게 차여 할미가 죽자, 놀라 제정신으로 돌아 온 영감이 백방으로 애를 쓰다가 마침내 무당의 굿으로 할미가 살아나면, 온 동네 사람들이 모두 나와 한바탕 즐거운 춤판을 벌인다. 당시 가부장제에 희생당했던 여성의 운명을 잘 그려내고 있다.

52

다 함께 놀았던 진주 오광대

진주에는 3대 말뚝이가 있었다고 한다. '김 말뚝이, 최 말뚝이, 강 말뚝이'가 그들이다. 탈춤을 하는 사람은 자기 이름은 없어지고, 가면을 쓰면 딱 그 인물로 변한다. 그들의 정체는 굳이 알 필요가 없을 것 같다.

"저 사람이 말뚝이야! 근데 저 사람은 1대 말뚝이고, 이 사람은 2대 말뚝이고, 저 사람은 3대 말뚝이란 말이야!" ― 진주 사람들이 이렇게 기억한다는 점이 중요하지, 최 아무개, 김 아무개, 강 아무개가 중요한 것이 아니다.

탈춤에서 가장 중요한 것은 탈판에서 공연하는 탈꾼이다. 탈놀이의 생명은 탈꾼이 탈판에서 얼마나 즉흥적인 힘으로 신명나게 연기를 헤내는기에 달려 있기 때문이다. 연극 배우처럼 대사를 외워서 그대로 하는 것이 아니고, 그 판에 들어가서 얼마나 관객과 더불어 호흡을 맞추느냐가 생명이다. 물론 정해진 대사가 없는 것이 아니지만, 즉흥적인 부분을 현장의 분위기에 맞추어 얼마나 잘 살려내는가는 탈꾼개인의 능력이다. 그러니까 아무리 대본이 열 개나 있어도 소용없다. 탈춤을 잘 추는 사람은 그것을 탈판에서 살려내는 힘이 있다.

이러한 탈춤의 성격은 서양 중세 말기 이후에 발전하여 르네상스 시대를 풍미했던 '코메디어 델 아르테'라는 가면극에서도 발견된다. 이 가면극이 퍼져서 오늘날 유럽 가면극을 형성하였는데, 거기서도 중심인물의 즉흥적 연기의 힘이 강조되었다. 진주 오광대가 민중의 사랑을 받은 것은 거기에 뛰어난 탈광대들이 있었기 때문이다. 그런데 대부분의 우리나라 탈놀음에서 탈광대는 그 출신성분이 대개 일정하다. 즉 토박이 탈놀음의 경우는 농민들이 향인광대를 맡고, 떠돌이 탈놀음의 경우는 예인들이 탈광대가 된다. 그러나 진주 오광대에서는 농민, 지주, 지식인, 예술가, 국악인, 상인, 사업가, 기생 할 것 없이 매우 다양한 계급 또는 계층의 사람들이 탈광대로 활약하였다. 진주 오광대는 그야말로 다 함께하는 탈놀음이었던 것이다.

민속학자들이 조사한 1920~30년대의 놀이꾼 가운데는 강종진(姜種珍), 박용근(朴龍根), 정종근(鄭鐘根), 최선준(崔善俊), 신길룡(愼吉龍), 김치건(金致健), 강석진(姜碩珍), 문장현(文章現) 등이 있었다. 이 가운데 강종진은 1928년 영문학자 정인섭이 우리나라 최초로 탈춤을 채록할 당시, 진주 오광대 재담을 구술해 준 사람이다. 그는 소지주였는데도 진주 오광대에서 말뚝이 역을 맡았었고, 말뚝이 역의 1인자로서 알려져 있었다. 그는 광복 후에도 오광대 놀이를 주도했다.

박용근은 1934년 송석하가 진주에 와서 오광대 공연을 보고《동아일보》에 〈오광대 소고〉를 썼을 때, 그 재담을 구술해 주었다. 그는 농사를 짓던 사람으로 생원 역을 맡았다. 정종근은 최상수본의 구술자인데, 25세부터 64세 때까지 오광대 놀이에 참여했다고 한다. 소무와 무시르미 역을 맡았는데, 진주의 한량으로도 유명할 정도로 춤과 소리, 악기에 두루 능통하였다. 광복 후까지도 오광대를 놀았던 최선준은 17세부터 55세 때까지 말뚝이, 옹생원, 어딩이, 무시르미 역을 골고루 맡았던 사람이다. 1957년 최상수본의 구술자이기도 하다. 그는 목화를 거래하는 상인이었다.

한약방을 운영하던 신길룡은 진주경로회 회장과 진주국악원장을 맡았던 인물로서 당시 진주 오광대 복원을 위해 애썼으며, 할미 역을 맡았다. 그는 이명길본의 구술자로 추정된다. 김치건 역시 이명길본의 구술자였는데, 당시 삼포극장 시절에 진주의 대표적인 놀이꾼이었다고 한다. 그는 말뚝이 역뿐만 아니라, 신장 역과 양반 역도 맡았다. 제1야학 교사를 지낸 것으로 전해진다. 강석진은 지주였는데, 김치건, 최선준과 더불어 3대 말뚝이로 불렸다. 그는 정인섭 채록본의 구술자이기도 하다. 문장현 역시 소지주였는데, 주로 장구와 꽹과리를 연주한 악사였다.

1920년대에는 계동 진주공설운동장이, 1930년대에는 삼포극장이 놀이판으로 이용되었는데, 김치건·강석진·최선준은 당시 3대 말뚝이로 불릴 정도로 기량이 뛰어났다고 한다.

이밖에도 정미업을 하던 양덕현(梁德現)은 할미 역을 하면서 놀이를 지원히 었디. 1930년대 문화 운동가었넌 강내상(姜大昌) 역시 송석하의 〈오광대 소고〉의 구술자였다. 그와 처남 – 매부 사이였던 정창화(鄭昌和)는 《동아일보》 진주지국장이었는데, 강대창과 더불어 오광대 놀이를 주선하고 춤도 추었다고 전해진다. 지주였던 정규진(鄭圭鎭, 1982년 당시에 95세)은 강석진과 친하여 오방신장 역을 맡았고, 또 부유층 지식인이었던 서상필(徐相弼)은 동년배인 강대창, 정창화와 친한 사이로 놀이에 참여하였으며, 농부였던 박봉삼도 박용근과 가까워 춤을 추었다고 한다. 최완자(崔完子)는 진주 팔검무의 1인자로 고종 임금 시절에 궁궐 진연(進宴)에 참여하기도 하였던 관기인데, 오광대 놀이에 찬조 출연하여 춤과 창을 하였다고 전한다.

박삼봉(朴三奉, 1982년 당시에 78,9세)은 농부로 박용근과 친하여 춤을 추었다고 한다. 제7회 영남예술제의 공연 자료에 따르면 앞서 설명한 김치권, 최선준과 아울러 윤영한(尹榮漢), 손우판(孫又判), 조상제(趙常濟), 이재영(李在榮, 1982년 당시에 66세)도 소개되고 있다. 이재영은 1980년대에 진주 중앙시장 근처에 살았는데, 진주 토박이 오광대에 세 번 출연하였다고 한다. 그는 앞의 놀이꾼들보다 열 살이나 스무 살 가량 연하인 점으로 미루어 광복 이후에 놀이에 참여한 듯하다.

한편 도동에서 놀았던 진주 오광대에서는 한보언 등이 중요한 탈꾼이었는데, 그는 40여 세 때 진주 시내에서 말뚝이 역을 배워 와서 오광대 놀이를 주동하여 놀았다고 한다. 그밖에도 도동의 오광대 놀이에 참여한 탈꾼으로는 김들깨(양반 역, 장고), 이근세(양반 역, 가면 제작), 윤윤석(양반 역, 가면 제작), 하일세(양반 역, 장고), 구부용(양반 역), 정몽돌이(할미 역), 김또선일(미수루미 역), 전일수(田逸秀, 미

56

수루미 역), 오도영(중 역), 배인식(문둥이 역), 허기후(문둥이 역), 김봉천(문둥이 역), 신도연(문둥이 역), 임순일(문둥이 역) 등이 있었다. 풍물은 대개 연희자들이 쉴 때에 차례로 맡았는데, 주로 풍물을 친 사람으로는 상쇠 배윤옥(가면 제작), 부쇠 임쌍일, 장고 하일세, 김들깨, 허기후, 북 이근세, 징 윤윤석 등이 있다. 이들 연희자들은 대부분 농사를 짓던 농사꾼들이었다.

도동에서 진주 오광대를 놀았던 사람으로 아직 생존자로는 배또문준 옹이 유일하다. 그는 1915년 8월 6일생으로 도동 토박이다. 14세부터 오광대 놀이를 구경하였고, 16,7세 때부터 예닐곱 해 동안 각시역을 맡아 공연하였다. 선친 배윤옥은 꽹과리의 명수로서 오광대에 참여하였고, 가면을 제작하기도 하였다. 배또문준 옹은 진주 오광대에 대해 많은 것을 기억하고 있어서, 1997년 진주 오광대 복원 당시 기억을 되살려 가며, 소리와 재담, 장단 등을 가르쳐 준 분이기도 하다. 2003년, 경상남도는 그를 진주 오광대 기능보유자로 지정했다.

하늘에서 내려온 서낭들

    음악이 들린다. (피리, 젓대, 장고, 해금, 대북 등으로 합주하는 고조
선진곡古朝鮮進曲) 구경꾼 속에서 오방신장이 중추막을 입고 나온다.
서로 인사를 하고 중앙 황제장군에게 동서남북 사제장군이 절한다. 그
리고 중앙 황제장군은 손에 한삼, 소매는 다리 길이와 같이 되어 있는
데, 춤을 추며 동방 청제장군은 동편에 세우고 서방 백제장군은 서편에
세우고 남방 적제장군은 남쪽에 세우고 북방 흑제장군은 북편에 세우
고, 다 같이 진춤을 춘다. 그리고 음악은 굿거리. (이상 1시간)(정인섭본)

    염불타령 장단에 동방 청제장군(청색가면), 서방 백제장군(백색가
면), 북방 흑제장군(흑색가면), 남방 적제장군(적색가면)이 각기 자기
에게 속한 오색의 철릭에 갓(笠)에는 호수를 달고 등장하면, 음악은 굿
거리로 넘어가며 오방신장은 무언으로 무용한다. (송석하본)

오방신장 다섯이 갓에 호수(虎鬚)를 네 개씩 꽂아 쓰고 철릭(天翼, 혹은 중치막, 긴 소매달린 두루막)을 입고 염불 장단에 맞추어 나온다. 먼저 황제장군이 무대 한 가운데에 서면 이어서 청제장군이 동쪽에 나와 서고, 다음은 백제장군이 서쪽에 나와서고, 다음은 적제장군이 남쪽에 나와 서고, 그 다음에는 흑제장군이 북쪽에 나와 선다. 그러면 동서남북의 4장군이 중앙의 황제장군을 보고 고개를 숙여 절을 한 뒤 각기 소속된 방위에 서서 처음은 느린 도도리로 시작하다가 굿거리 장단에 맞추어 진춤을 춘다.(최상수본)

제1막 제1장 신장노리

(1) 황제장군(중앙) 황면탈(60세 가량 유수, 신장은 보통 키보다 조금 큰 편으로, 점잖은 모습)과 호수립을 쓰고, 황색 수건을 이마에 두르며, 황채복 입고, 兩손에 황색 한삼을 끼며, 육십센치 장의 횃대를 쥔다.

(2) 청제장군(동) 청면탈(이하 색채만 청색으로 하되, 그 외에는 전자에 준한다)

(3) 백제장군(남) 백면탈, 기타는 전자에 준한다.

(4) 적제장군(서) 홍면탈, 기타는 전자에 준한다.

(5) 흑제장군(북) 흑면탈, 기타는 전자에 준한다.

황청홍백흑 순으로, 신장은 느린 보조로 장단 마춰 무대 안으로 들어와 후면 북쪽에서 정면을 향하여 늘어선다.

장단과 삼현은 타령가락(4/2)으로 읊는 동시에 황제장군은 장단 마춰 춤을 추며, 각 신장을 동서남북으로 유치하여 일인씩 각기 자리를 정하여 주며, 자신은 중앙처에 자리잡아 선다.

장단이 느린 국거리 삼현가락(4/2)으로 변하면, 첫 장단 제일절에서 각 신장은 정면을 향하고, 둘째 장단으로부터 각기 제자리에서 흥미 있고 멋진 춤을 추어 차차 잦인 가락으로 단머리(4/8) 박장단까지 춤을 춘다.

장단은 단머리 끄음채 장단(4/8拍)으로 법하여 ㄱ 제이전에서 돌이
서 춤을 계속하는 그냥 순차적으로 무대 후면으로 들어가고 오신장이
다 들어간 뒤에 장단과 삼현은 그친다.(이명길본)

　　위의 기록들은 진주 오광대의 현존하는 네 가지 대본에 나타난 오
방신장놀음에 관한 부분이다. 진주 오광대는 하늘에서 다섯 신장(神
將)이 내려와서 춤추는 오방신장무로 시작된다. 오방신장놀음은 무언
으로 극적 전개가 없는 의식무이다. 염불 타령에 따라서 중앙 황제장
군, 동방 청제장군, 남방 적제장군, 서방 백제장군, 북방 흑제장군이
각기 자기 방위를 가리키는 색깔의 오색 철릭을 입고 호수를 단 갓을
쓰고 차례로 춤을 추며 등장한다. 음악이 굿거리로 넘어가면 무언으
로 벽사의 춤을 추다가 차례로 퇴장한다. 다섯 신장은 공간적으로 동
(청제), 서(백제), 남(적제), 북(흑제)과 중앙(황제), 곧 우주 전체를 뜻
하고, 시간적으로 봄(청제), 여름(적제), 가을(백제), 겨울(흑제), 태양
(황제), 곧 시작과 끝이 없는 영원을 뜻한다. 우주 전체와 영원을 다스
리는 신장들이 내려와 춤을 추면서 땅위의 모든 잡귀와 잡신을 누르
고 몰아내는 마당이다. 동시에 이 마당은 탈놀이판을 정화하는 기능
을 가지고 있다.
　　우주를 다스리는 신장들이 내려와 춤을 추면서 지상의 잡귀와 잡
신들을 누르고 몰아내어 평화와 안녕만 가득한 세상이 놀이판에 형성
된다. 이러한 오방신장무는 신의 강림(降臨)을 현현(顯現)함으로써, 새
로운 시작, 즉 일상적 질서를 소멸시키고 새로운 질서와 시간에 들어
감을 명시하여 공연의 처음을 연다.

60

여기서 등장하는 오방신장은 중국의 오행사상, 도교계의 오방신, 무계(巫系)의 오방신, 민간신앙의 오방신과 같은 맥락에서 해석될 수 있다. 오행과 벽사관념에서 생성되었다는 설, 중국에서 전래한 도교계 신격이 무속과 민간신앙의 방위신이 되었다는 설 등이 그것이다. 오방신장은 원래 중국 고대 오방오제설에 따른 신격으로서, 우리나라 무속이 이를 받아들여서 가장 강력한 지상의 방위신으로 섬겼다. 이 오방신장은 방위를 수호하는 기능뿐만 아니라 잡귀·잡신을 쫓는 기능을 가지고 있다. 무당들은 지표나 목판에 '오방신장지위'라고 쓴 신위를 모시기도 하고, 무가 속에 오방신장을 불러 소원 성취를 빌기도 한다. 장승에도 그 방위에 따라 '동방청제축귀장군' 등이라고 써서 마을에 세우기도 한다. 오늘날에도 무당 김금화의 산상부군(山上府君)굿의 열두 거리 가운데 일곱째 거리에 오방신장 거리가 행해진다고 한다. 그리고 전라도의 줄다리기 행사에서는 줄이 준비되면, 농악대를 동반하고 청장년들이 줄을 어깨에 메고선 마을을 한 바퀴 도는 과정이 있다. 이것을 오방돌리기라고 하는데, 이는 마을의 태평을 기원하는 데 그 목적이 있다.

이러한 배경을 볼 때, 오방신장 놀음은 민간신앙과 밀접히 관련되어 성립된 것임을 알 수 있다. 즉 오방신장거리를 행하고, 오방에 장승을 세우며, 오방돌리기를 하는 것과 같이 마을 또는 고을에서 벌이는 벽사진경의 세시적인 행사인 오광대탈놀음에 오방신장을 등장시켜 각 방위를 진압하고 잡귀를 쫓아 무사태평을 비는 의식무를 추었던 것이다. 굿의 첫머리에 부정거리를 행하여 판을 정화하듯이, 오방신장춤을 먼저 추어서 탈판을 정화하고, 무사히 탈놀이를 마치기를

오방신장놀음

비는 의도도 있다.

　진주 오광대의 오방신장이 신성을 온전히 간직하고 있었다는 사실
은 먼저 그 가면의 모습을 통해서도 확인된다. 오방신장의 가면은 위
송곳니 두 개가 입술 밖으로 뻗어 내려와 있다. 이는 전형적인 귀면
(鬼面)의 모습으로서, 오방신장의 가면이 간직하고 있는 신성을 보여
준다. 지금 전해지고 있는 진주 오광대 가면은 송석하가 1934년 공연

을 관람한 뒤, 당시 사용되었던 가면을 모아 둔 것이다. 송석하가 가면 뒤에 표기한 일련번호로 보아 가면은 모두 19 개였던 것으로 추정되는데, 현재 말뚝이 가면과 양반 가면은 전해지지 않는다. 이들 가면은 국립중앙박물관 지하실에 보관되어 세상에 알려지지 않고 있다가 전경욱 교수에 의해 그 모습이 알려졌다.

오방신장놀음의 춤과 장단 역시 그것의 제의성에 어울린다. 오방신장이 등장할 때 느린 염불장단이 사용되는데, 이는 경건하고 엄숙한 분위기를 자아낸다. 정인섭의 기록에, 이 춤은 약 1시간 이상 추어졌다는 것을 보면, 이 춤은 장엄하면서도 아름다운 춤이었을 것으로 생각된다. 느린 염불장단에 어울리는 조용하고 점잖으면서도 힘차고 장중한 춤사위가 천신의 지상강림을 표현하는 과장의 분위기를 고조하는 데 기여했을 것이다.

또한 오방신장이 오색 철릭을 입고 호수를 단 오방색의 갓을 쓰는 것은 무당이 쓰는 모자를 연상케 하는데, 복식에서도 오방신장춤과 굿과의 연관성을 생각해 볼 수 있다. 이와 같이 오방신장놀음은 가면의 모습, 춤과 바라지, 복색 등에서 탈놀음의 제의성을 잘 드러내 준다.

한편, 오광대라는 명칭이 오방신장에서 유래되었다고 할 수 있을 정도로 오방신장무는 오광대의 성격을 규정한다. 오방신장무의 유무는 영남 각 지역에 전승되는 오광대의 특징을 나타내기도 한다. 진주 오광대, 가산 오광대, 가락 오광대를 비롯하여 마산(창원), 서구, 남구의 오광대에서 오방신장의 존재가 확인된다. 반면에 통영 오광대나 고성 오광대와 같이, 오방신장이 출연하지 않는 다른 오광대나 야유는 전자에 견주어 상대적으로 유희성과 오락성이 강화되어 있다. 또한 탈놀음이 변모하고 진화되는 단계와 정도에 따라서 오방신장의 성격이 달라진다.

오방신장무는 현재 복원된 오광대 가운데 가산 오광대와 진주 오광대에서만 나타나는데, 진주 오광대가 오방을 진호하고 악귀를 물리치는 방위신 혹은 벽사가면의 신성성과 주술성을 유지하고 있는 것과는 달리, 가산 오광대나 서구 오광대에서는 오방신장이 인간화하고 세속화되어 있다. 가산 오광대에서는 오방신장무 과장 다음에 영노과장이 공연되는데, 이 과장에서 오방신장의 하나인 황제신장이 양반으로 등장하여 영노에게 잡아먹혀 버린다. 이는 신으로 등장했던 오방신장의 신성이 격하되면서 나타난 현상이라고 할 수 있다. 가락 오광대에서는 오방신장이 '서울 선비'로 인격화되어 있으며, 서구 오광대·남구 오광대에서는 다섯 양반으로 변화되어 있다. 이와 달리 진주 오광대의 오방신장은 신성을 온전히 유지하고 있다. 진주 오광대의 오방신장 가면이 신성가면의 성격을 유지하고 있는 것과 달리, 다른 오광대의 가면은 인간화되고, 예능화되어 동물로 분장하는 도구인 예능가면으로 변모했음을 알 수 있다.

땅에서 솟은 서낭들

진주 오광대의 두 번째 마당은 문둥놀음이다. 오방신장이 한바탕 진춤을 추고 차례로 퇴장하고 나면, 시끄러운 장단과 함께 문둥이 마당이 시작된다. 요란한 장단과 함께 관중 속에서 오방색의 탈을 쓴 다섯 문둥광대가 느닷없이 나타나서 자빠지기도 하고 구르기도 하며 야단스러운 춤을 춘다. 다섯 문둥광대는 한바탕 춤을 추고는 투전 놀음을 벌인다. 서로 좋은 패가 나왔다고 다투는 사이에, 남루한 차림을 한 어딩이가 절룩거리며 무시르미라는 아이를 하나 업고 들어 온다. 무시르미는 손에 깃발을 하나 들고 있는데, 거기에는 '강남서신사명(江南西神使命)'이라고 쓰여 있다. 투전판을 어슬렁거리던 어딩이가 판돈을 훔쳐 달아난다. 문둥이들은 관중석을 헤집고 다니며 어딩이

이 무시르미를 찾는다. 마침내 그 두 사람은 잡혀 오고, 황색탈을 쓴 대장 문둥이가 곤장을 치라고 명한다. 어딩이를 곤장치려 하면 무시르미가 달려와 그 위에 드러눕기를 반복한다. 무시르미의 애절함에 감동한 문둥이들은 곤장치기를 멈추고 어딩이를 따끔하게 야단친다. 어딩이는 무시르미의 근본을 말하고, 돈을 훔쳐서 무시르미의 마마병을 고쳐주려 했다며 용서를 빈다. 부자지간의 사랑을 확인한 문둥이들은 술 한잔 먹은 셈치고 돈을 주어버리기로 한다. 마침내 어딩이 부자가 돈을 얻어서 물러나자, 기분이 좋아진 문둥광대들이 또다시 한바탕 흥거운 춤을 춘다.

이 이야기의 구조를 가만히 살펴보면, 등장인물들이 크게 두 패로 갈라짐을 알 수 있다. 다섯 문둥이들이 한 패요, 어딩이와 무시르미가 다른 한 패이다. 그들 두 패 사이의 갈등관계가 이 마당의 주된 줄거리이다. 그러면, 여기 등장하는 문둥이들은 누구이며, 어딩이 부자는 누구인가? 다섯 문둥이와 어딩이 부자 사이에 성립한 갈등관계는 도대체 무슨 뜻을 담고 있을까?

문둥이가 등장하는 탈놀음은 진주 오광대만이 아니다. 고성 오광대와 통영 오광대에도 문둥이의 독무 장면이 있고, 가산 오광대에서는 문둥이가 상대역인 어딩이와 함께 나와 어울린다. 이미 인멸된 탈놀음 가운데서 마산과 부산진의 오광대에도 문둥이춤이 있었으며, 진주의 도동, 서구, 남구 오광대에도 문둥이와 어딩이가 출연했다. 가산에는 같은 수의 다섯 문둥이가 출연하고 있다.

병신, 환자, 불구자, 못난이와 같이 소외된 장애인들은 탈춤의 등장인물에서는 단골 메뉴이다. 통영 오광대의 손님양반, 양주 별산대

문둥놀음

놀이의 봄숭, 상능 관노 탈놀이의 시시딱딱이는 환자이고, 통영 오광대의 삐뚜르미, 하회 별신 놀이의 초란이(입뚤이)와 이매(무턱이), 봉산 탈춤의 도령(입뚤이), 양주 별산대 놀이의 샌님(언청이)은 병신이거나 못난이이다. 그런데 이상하게도 우리나라의 탈놀음 가운데서 문둥이가 등장하는 것은 영남 지역의 탈놀음뿐이다. 왜 하필 문둥이일까 하는 의문은 충분히 해명되기 어렵다. 하지만 문둥이가 다른 지역 탈놀이에 등장하는 병신, 환자, 불구자와 같은 지체이상자이고, 사회로부터 소외받는 대상임은 분명하다. 대개 탈놀음 속의 문둥이들은 불구와 질병으로 고생하는 자신의 신세를 한탄하는 대사를 하고, 소고춤을 춘다. 하지만 마치 자신의 애환을 춤으로 풀어내듯이 뒤틀리고 부자유스러운 동작으로부터 시작하여, 점차 육체적으로 자유스럽고 격렬한 춤을 춘다. 그래서 일반적으로 문둥놀이 마당은 불구와 질병으로 소외당하는 기층민중의 애환을 표현하는 내용으로 해석되고 있다. 혹자는 장애자들이 내면적으로 갖는 성(性)에 대한 억압과 강렬한 욕망을 표현하기도 했다고 한다.

그런데, 이러한 일반적인 경우와는 달리, 진주 오광대의 문둥이는 너무나 당당하다. 전혀 위축되지도 않았고, 심사가 뒤틀려 보이지도 않다. 오히려 자신들보다 심하지 않은 불구자나 환자에 대한 너그러움과 자비심마저 갖고 있다. 물론 육체적인 불편함이 춤 속에 묻어 있기는 하지만, 그들은 즐겁다. 인생을 즐기면서 사는 것 같기도 하다. 그들의 도박판도 누추하거나 옹색해 보이지 않는다. 어쩐지 초탈과 초월의 풍모가 있다. 그건 왜일까? 무언가 기존의 설명으로는 미진한 구석이 있다.

68

먼저 이 문둥놀이 마당이 다섯 문둥이가 등장하여 논다는 의미에서 '오탈노리'라고도 불린다는 점에 주목해 보자. 이들 다섯 문둥이는 오방신장과 같은 색깔 체계를 가진 동방청탈, 남방홍탈, 서방백탈, 북방흑탈, 중앙황탈로 등장한다. 문둥이 한 명과 어딩이 부자만으로도 갈등관계를 표현하기에는 충분할 것 같은데, 왜 굳이 다섯 문둥이가 등장하는가? 문둥이가 다섯으로 늘어난 것은 오방신장무 과장에 등장한 오방신장의 색깔 상징과 짝을 맞추기 위한 것이 아닐까? 눈치 빠른 사람이라면, 다섯 문둥이는 오방신장과 짝을 이루는 신격이 아닐까 생각해 볼 수 있다. 오방과 오색은 신격의 상징이기 때문이다.

다음으로 문둥이탈을 눈여겨보자. 거기서 몇 가지 특이한 점이 발견되기 때문이다. 첫째, 진주 오광대의 다른 탈들은 대개 종이로 만들었는데, 문둥탈만은 바가지로 만들었다. 바가지를 다듬고, 색을 들이고 하는 일이 보통 번거로운 일이 아님을 생각할 때, 그처럼 정성들여 만들어진 문둥탈은 예사 가면이 아님이 분명하다. 둘째로, 문둥탈의 모습을 잘 살펴보자. 문둥탈은 오방신장과 동일한 색깔상징을 가졌을

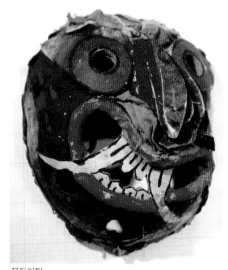

문둥이탈

뿐만 아니라, 오방신장의 이빨처럼 위 송곳니 두 개가 입술 밖으로 뻗쳐 내려온 형상을 하고 있다. 오방신장이 사람이 아닌 서낭〔神〕, 곧 신장(神將)이기 때문에 그런 모양의 이빨을 가졌다면, 그런 모양의 이빨을 가진 문둥탈도 사람이 아니라 서낭을 표상하는 신성가면이라고 생각할 수 있다. 그런데 김수업이 제시한 인류학적 해석에 따르면, 제의적 연희에 등장하는 불구자들과 환자는 모두 지신을 의미한다. 그리고 지신은 대개 질병의 신을 몰아내는 일을 한다. 그렇다면, 다섯 문둥이들은 바로 땅에서 솟아나온 서낭이라고 짐작할 수 있다.

그러면 어딩이와 무시르미는 누구인가? 어딩이와 무시르미는 부자지간이다. 그런데 아버지인 어딩이는 남루한 거지차림의 절름발이다. 아들인 무시르미는 마마병을 앓아서 얼굴이 얽어있는 어린 아이다. 마치 숨은 그림 찾기를 하듯이 장면들을 떠올려보자. 단서는 바로

깃발을 든 무시르미

70

무시르미가 들고 있는 깃발이다. 그 깃발에는 '江南西神使命(旗)'이라는 글이 써 있지 않은가? '강남서신(江南西神)'은 다름 아닌 '손님마마의 서낭[痘神]'이다. '별성', '별상', '별신(別神)'이라고 하면서 우리네가 가장 무서워하던 질병의 서낭을 뜻한다. 그것이 강남, 곧 중국의 서쪽에서 건너왔다고 하여 '강남서신'이라 했다. 그리고 그렇게 무서운 별신마마서낭[痘神]이 지금 여기 심부름을 내리고 있다는 뜻으로 '사명(使命)'이라 했다. 말하자면 무시르미는 그냥 마마를 앓아서 곰보가 된 아이가 아니라, '마마서낭'을 모시는 애기서낭이다. 다음으로 예사롭지 않은 어딩이의 탈을 살펴보자. 어딩이의 위 송곳니 두 개도 밖으로 길게 뻗어내려 있다. 그렇다면 어딩이도 역시 서낭이란 말인가? 바로 그렇다. 어딩이는 무시르미의 아버지이니, 그가 바로 그 무서운 마마서낭일 것이다.

이렇게 보면, 이 문둥 과장은 땅에서 솟은 다섯 땅서낭들과 부자지간인 역신들 사이의 대결과 갈등을 보여주는 과장이라고 해석될 수 있다. 또한 이러한 해석에 따르면, 이 문둥 마당은 동방청탈, 남방적탈, 서방백탈, 북방흑탈, 중앙황탈, 곧 오방지신이 나타나서 갖가지 병신춤을 추고 놀면서 무서운 질병의 신을 몰아내고 마을의 안녕과 평화를 지켜주는 내용으로 이해될 수 있다. 이 점에서 문둥 과장은 상당히 연극적이면서도 탈춤의 제의성이 강하게 남아있는 마당이라 할 수 있다.

이러한 해석을 염두에 두고, 다시 이 과장의 줄거리를 살펴보자. 문둥이들이 모여 노름을 하며 재미있게 놀고 있는데, 거지 어딩이가 무시르미를 업고 나타나 개평을 달라고 조른다. 문둥이들이 거절하자, 어딩이는 문둥이들의 판돈을 훔쳐 달아난다. 문둥이들의 즐겁고 조화로운 놀이 분위기가 일시에 깨어지고, 문둥이들과 어딩이의 줄다리기가 시작된다. 다섯 문둥이와 어딩이·무시르미 부자, 즉 지신과 역신 두 세력의 대결이 시작된 것이다. 그러므로 첫째 과장 오방신장무가 아무런 갈등 없는 평화로운 세계를 구현해 보였다면, 문둥이 과장은 진주 오광대 공연에서 처음으로 갈등이 일어나는 대목이라고 할 수 있다.

이 둘 사이의 싸움은 결국, 어딩이의 딱한 사연을 들은 문둥이가 자비를 베푸는 것으로 화해로운 지점에 이른다.

> 황 탈: (어딩이에게) 네 이놈 니 돈 가지고 가서 우쨌노?
> 어딩이: 아이구 살려 주이소. 나는 반신불수고, 이 자식이 손님을 앓아서 그으 좀 구해볼라꼬 그랬십니더. 용서해 주이소. 돈은 여기 있습니더(하며 두려움에 떨면서 돈을 내어 놓고 애걸복걸 한다).
> 오탈들이 서로 쳐다보다가 그 정상에 감동하는 듯하다.
> 청 탈: (황탈을 보면서) 정상이 불쌍타.
> 백 탈: 오늘 우리 술 한잔 사먹은 셈 치고, 그 돈 그만 주어 뿌자.
> 흑 탈: (용서할 수 없다는 태도로) 안 된다, 그거너.
> 적 탈: 고마 한 사람 살리주자!
> 황 탈: (어딩이를 보면서) 니 다시 그런 나쁜 짓 안 할래?
> 어딩이: 예―, 다시는 그런 짓 안 하겠십니더.
> 황 탈: 그라모 그 돈 니가 다 가지 가라! 아아 업고 썩 물러 나가라!
> 어딩이가 고마워하면서 무시르미를 업고 황급히 사라지고 나면,
> 오 탈: 우리 오늘 좋은 일도 했으니, 한 바탕 놀아보세.
> 한바탕 각설이춤판을 벌인다.

놀이판에 처음으로 나타난 갈등은 한쪽의 자비에 따라 평화로운 방법으로 해소된다. 오방신장무 과장에서 천신의 강림으로 일상적 질서와는 구분되는 시공을 놀이판에 구현해 내는 위력을 보였다면, 문둥이 과장에서는 지신이 현현하여 놀이판에 끼어 든 재앙을 평화로운 방식으로 제거함으로써 놀이판을 온전히 보전하는 위력을 보이고 있다. 따라서 오방신장무 과장과 문둥이 과장은 결국 신들이 인간세계에 적극적으로 개입하여 태초에 형성되어 있었던 신인합일(神人合一)의 경지를 연출함으로써 놀이판을 태초의 정화된 시공으로 끌어올리는 기능을 하고 있다는 것을 알 수 있다.

진주 오광대의 오문둥놀음은 땅서낭들이 질병서낭을 쫓아내는 굿놀음에서 자란 자취를 아직도 지니고 있다. 이 굿놀음의 뿌리로는 세속에 나와서 글자로 적힌 신라의 '처용놀음'과 굿 안에 남아서 놀음

문둥놀음은 땅서낭들이 질병서낭을 쫓아내는 굿놀음에서 유래했다.

으로 내려오는 동해안의 '서낭굿'을 꼽을 수 있겠다. 그것을 낭서낭
의 놀음인 줄 모르고 '문둥이' 놀음으로 알게 된 것은 아주 가까운 요
즘의 일이고, 19세기까지만 해도 곱사놀음이나 병신놀음으로 알았을
것으로 보인다. 그리고 옛날로 올라갈수록 곱사나 병신의 모습으로
춤추는 놀이꾼들을 땅서낭이 나타난 것으로 알고, 굿판의 사람들이
신앙심을 가지고 모두 함께 어울려 즐겼을 것이다. 따라서 오광대 탈
놀음 전체가 그렇지만 더욱이 오문둥놀음은 마을이나 고을의 한 해가
탈 없이 지나가도록 비는 새해의 마을굿에서 비롯한 것으로 볼 수밖
에 없다. 무서운 질병서낭에게 마음에서 우러난 항복을 받아내는 오
문둥놀음이야말로 마을(고을)의 한 해를 탈 없도록 마련하는 굿의 알
맹이임에 틀림없기 때문이다. 오광대 탈놀음을 정월 대보름 저녁에
놀았다는 사실도 그것을 뒷받침하거니와 정월 대보름 저녁이란 섣달
그믐날 밤부터 보름에 걸치는 설의 마을굿, 무엇보다도 지신밟기라는
마을굿의 마무리로서 가장 큰 굿판이기 때문이다

　다섯 문둥이는 극중에서 공원(公員)으로 불리는데, 오방색의 방위
상징에 맞추어 진주를 중심으로 황탈은 진주공원(晉州公員), 청탈은
마산공원(馬山公員, 진주의 동쪽), 백탈은 단성공원(丹城公員, 진주의 서
쪽), 적탈은 통영공원(統營公員, 진주의 남쪽), 흑탈은 합천공원(陜川公
員, 진주의 북쪽)으로 설정하여 향토색을 잘 드러내고 있다. 진주를 가
운데(중앙, 黃)로 하여 마산(동, 靑), 통영(남, 赤), 단성(서, 白), 합천(북,
黑)으로 배정하였던 것이 아닌가 싶다. 채록본이 남아 있는 오광대 가
운데 다섯 문둥이가 등장하는 것은 진주와 가산 둘뿐인데, 가산의 경
우에는 이와 같은 지방색이 드러나는 재담이 나타나지 않는다. 이렇

게 지방색을 드러내는 대사들이 자주 사용된다는 점이 진주 오광대의 또 다른 특징이기도 하다.

말뚝이는 누구인가

　　셋째 마당은 양반 - 말뚝이놀음이다. 말뚝이가 문둥광대들을 쫓아내고 나면, 염불타령 장단에 맞추어 생원, 차생원, 옹생원이 차례대로 등장하여 말뚝이와 재담을 주고받는다. 집 나간 생원님을 찾아서 평양과 서울 등지로 돌아다닌 말뚝이가 양반을 만나서 그동안의 이야기를 한다. 양반을 모시고 진주에 당도했을 때, 팔선녀를 만나 한바탕 술을 마시고 논다. 춤을 한바탕 질펀하게 추고 나서 재담을 주고받는 장면은 말뚝이 놀음의 전형적인 양식이다. 한없이 유식한 하인 말뚝이가 무식한 주인 생원님과 주인의 친구인 옹생원, 차생원을 골려먹는 놀이로서 신분으로 사람을 차별하는 사회제도의 모순을 보여주는 마당이다. 특히, 양반과 말뚝이의 대결을 통해서 특권계급의 타도와

양반－말뚝이놀음

노비의 해방을 갈구하는 내용을 지닌다.

진주 오광대 양반－말뚝이놀음의 줄거리를 양반과 말뚝이의 갈등을 중심에 두고 좀 더 자세히 도식화하면 다음과 같다.

1) 말뚝이가 양반들을 불러낸다.
2) 말뚝이가 자신의 유식함을 자랑한다.
3) 말뚝이가 자신의 풍류를 자랑한다.
4) 말뚝이가 양반을 성적으로 모욕한다.
5) 양반이 자신의 신분적 특권과 무력으로 말뚝이를 위협한다.
6) 말뚝이가 양반 부인과 통정한 사실을 밝힌다.
7) 말뚝이가 불러들인 팔선녀와 양반이 어울려 논다.

우리나라 탈춤에서 빼놓지 않고 등장하는 것이 양반－말뚝이 과장

생원, 차생원, 옹생원의 모습

이다. 이 과장에서는 위선적이고 무능한 양반의 신분적 특권과 권위주의가 풍자된다. 자기 능력이나 덕성보다 문벌과 지체를 더 소중히 여기는 양반, 그 앞에서는 사람들이 떠들지도 못하고 담배도 피울 수 없으리만큼 높은 지위를 차지한 양반, 언제나 남의 모심(慕心)을 받아야 직성이 풀리는 양반, 남들이 흥을 돋우어 주어야 하는 양반, 자기 마누라를 만족시켜 줄 수 없는 무능력한 양반, 자기의 지식을 과시하기 위해서나 무료한 시간을 보내기 위해서 아무 소용없는 파자놀이나 하는 양반, 그리고 민중을 수탈하는 양반의 모습이 폭로된다.

다른 지역 오광대의 양반 과장에서는 양반들이 말뚝이를 호령하는 것으로 시작되지만, 진주 오광대의 양반 과장은 말뚝이가 등장하여 문둥이들을 말채찍으로 쫓아내고 생원님을 부르면, 생원님, 차생원, 옹생원이 굿거리 장단에 맞추어 등장하는 것으로 시작된다. 생원님이 먼저 입을 연다.

> 생원님: 이런 제기를 붙고 금각 담양을 우중우중 갈 이놈들이 근일 음풍잔야에 귀신 난듯 모여와서 말잡아 장고매고 소잡아 북매고 개잡아 소고매고 안성맞춤 갱쇄치고 떡치고 술붓고 양반의 철륭 뒤에 밤낮 없이 둥두캥캥 호루락 삣죽

이 재담은 양반의 철륭 뒤에서 오광대 놀이를 하는 모습을 묘사한다. 양반이 신분에 걸맞지 않게 놀이판에 등장하게 된 이유를 설명하는 대목으로서, 민중문화에 대한 양반들의 거부감과 무시를 담고 있다. 문둥이들의 자비에 따라 회복된 평화롭고 즐거운 세계는 양반 과장으로 전환되면서 사라지고 만다. 오방신장무 마당에서 문둥이 마당으로의 전환이 평화롭게 이루어졌다면, 문둥이 마당에서 양반 마당으로의 전환은 느닷없는 말뚝이의 채찍질, 즉 싸움 걸기에 따라 이루어지며 그 전의 조화로운 경지와는 전혀 다른 장을 예고한다.

춤을 한 자락 춘 뒤에 이어지는 대사는 주로 말뚝이가 집 나간 지 8년 되는 생원을 찾아다니면서 겪은 일에 대해서 고하는 내용이다. 말뚝이는 자신이 생원을 찾아 촉나라의 금각산에 당도했으며, 그곳에서 봄의 경치에 취하여 놀고 왔다고 말하면서 자신의 풍류를 자랑한다. 또 말뚝이는 평양의 연광정에 올라 생원님이 지은 글이 붙어 있는 것을 읽었노라고 말하면서 "생원님이 지어 붙인 글이지요?" 하고 묻는다. 이에 생원은 엉겁결에 인정한다. 겉으로는 말뚝이가 양반을 대우하고 인정하는 듯하지만, 실제로는 말뚝이의 지식이 양반보다 한 수 위라는 것을 보여준다. 이 대목은 말뚝이의 대사가 거반 한문으로 이

양반을 조롱하는 말뚝이

루어져 있는 데서 알 수 있듯이, 말뚝이가 자신의 유식함을 드러내는 대목이다. 양반들은 그저 말뚝이의 유창한 대사를 듣기만 한다.

말뚝이는 장안에서 홍루의 기생을 만났던 얘기를 하면서 양반들이 실제로는 비천한 출신 배경을 가졌다는 사실을 폭로한다. 홍루의 첩이 옹생원이나 차생원의 어머니라는 사실이 밝혀졌기 때문이다. 그리고 구리개 병문의 약방에서 약을 구경한 얘기도 한다. 생원은 서예와 과거 준비를 위해 종이를 사서 맡겼는데 옹생원과 차생원에게 잘 전했는가를 묻는다. 옹생원과 차생원이 잘 받았다고 답한다.

여기까지는 양반에 대한 말뚝이의 공격이 소극적이다. 그저 자신의 재담으로 스스로를 과시하면서, 양반의 무식함과 비천함을 드러내는 데 그치기 때문이다. 그러나 말뚝이가 생원님에게 금낭을 전달하는 대목부터 공세는 매우 적극적으로 변한다. 말뚝이가 구리개 장터에서 샀다는 금낭은 바로 양반의 성기를 말한다. 말뚝이는 이것을 쥐고 흔들며 말장난으로 양반을 조롱한다. 이제는 양반들에 대해 욕설도 서슴없이 퍼붓는다.

　　　이런 네—미를 붙고 발기를 갈 양반아, 겉잡을 제 안을 못 잡는단 말인가?

비로소 양반은 사태의 심각함을 파악한다. 그리고 생원은 자신의 배후세력과 교우관계, 그리고 체력을 이용하여 말뚝이를 죽이겠다고 위협한다. 양반의 생사여탈권을 뽐내며, 말뚝이를 죽이더라도 자신은 귀양살이에 그친다고 말한다. 이는 양반이 자신의 신분적 특권과 무력으로 말뚝이를 위협하는 대목이다. 한바탕 춤을 추고 난 뒤, 말뚝이는 양반들의 위협에 아랑곳하지 않고, 양반이 집을 비운 사이에 노마님과 통정한 사실을 폭로한다. 양반의 위협에 대해 성적인 모욕으로 대항하는 것이다. 양반들은 그저 "잘 되었다. 양반 집구석 잘 되었다"하며 자신의 패배를 인정하고 만다. 이는 체제를 등에 업고 호통

팔선녀춤

은 치지만, 능력이 없기 때문에 말뚝이에게 당하여 패가망신하는 양반의 모습이다. 양반들은 그렇게 모욕을 당했음에도 말뚝이가 불러낸 팔선녀들을 보자 그저 혼을 빼앗기고 한바탕 논다. 그런 모습이 관객들에게는 웃음거리가 되기도 하고 차라리 측은하기도 하다.

양반 – 말뚝이 과장에서 우리는 당시 양반 신분의 특권과 모순된 삶의 모습에 대한 민중의 묘사를 엿볼 수 있다. 양반은 학문 좀 한다고, 정자에 글을 지어 붙이며 뽐내고, 보약으로 건강을 챙기는 존재이며, 고관대작과 교우관계를 맺어 세력기반을 공고히 하려는 존재이고, 평민을 죽여도 귀양을 가는 것으로 때울 수 있는 존재이다. 또한 양반은 노마님이 말뚝이와 통정을 할 정도로 내부적으로 문란한 생활을 하는 계층이다. 이런 양반이 자신의 마부인 말뚝이에게 여지없이 당한다. 말뚝이로 대표되는 민중은 신체적·성적 우월성을 가진 존재일 뿐 아니라, 자유분방한 풍류정신을 가지고 있는 존재이다. 그런 말뚝이는 양반의 감추어진 내력을 밝히기도 하고, 양반보다 더 유식한 언변을 구사해 가며 양반을 골탕 먹임으로써 양반의 가식과 허울을 벗겨낸다.

말뚝이의 공격은 처음에는 다소 소극적이어서, 양반 스스로 무식함과 근본의 비천함을 인정하게 만드는 데 그친다. 그러다가 말뚝이의 공격이 강해지자, 양반은 사태를 어느 정도 파악하고 말뚝이를 죽이겠다고 위협한다. 말뚝이는 양반과 직접 맞서서 양반을 모욕한다. 진주 오광대의 말뚝이는 다른 지방 말뚝이와 달리 변명조차 하지 않는다. 양반에 대한 말뚝이의 풍자와 공격은 점차 강화되는 양상으로 진행된다.

양반은 귀가 있어도 듣지 못하고 눈이 있어도 보지 못하는 병신들로 묘사된다. 양반들을 향한 말뚝이의 언사를 들으며 민중은 함께 웃는다. 양반을 속이는 것을 보고 웃고, 양반을 조롱하는 것을 보면서 시원해 한다. 결국 말뚝이의 공격으로 양반의 가식과 허위가 완전히 드러나자, 양반 계층에 대한 민중의 한과 응어리가 풀어져 나온다. 탈놀음의 양반과장은 민중 승리의 축제이다.

오광대는 다른 지역의 탈놀이에 견주어 말뚝이의 비중이 큰 것이 특징이며, 야유는 일명 '말뚝이 탈놀이' 라고 할 수 있을 정도로 절대적인 비중을 차지하고 있다. 그만큼 말뚝이와 상대역인 양반의 극적 갈등이 중시되고 연극적으로 발전되어 있음을 웅변해 준다. 양반은 지역에 따라 세 사람이나 일곱 사람이 나오지만 원양반 또는 수양반이 주로 말뚝이와 상대하는 것으로 짜여 있다. 산대 탈놀이에서는 말뚝이의 비중이 아주 취약하게 나타난다. 황해도 탈놀이에서 말뚝이의 위상은 산대 탈놀이보다 강화되어 있으나, 오광대의 경우만큼 비중이 그치는 않다.

양반 – 말뚝이 마당에서는 말뚝이가 양반을 찾아 평양으로, 서울로 돌아다니다가 진주 경내로 들어와 탈놀이판에 나타남으로써 극중 장소가 공연 장소로 바뀐다. 해당 부분을 인용하면 다음과 같다.

진주를 내려올 때 말티재〔馬峙嶺〕 얼른 넘어 진양 풍경 바라보니, 상하고(上下高)의 높은 집은 공부자(孔夫子)의 집이요, 일육수(一六水) 북문이요, 이칠화(二七火)가 남문이요, 삼팔목(三八木) 동문이요, 사구금(四九金)이 서문이라. 예행 문물은 좌우에 벌여 있고, 광풍제월(光風霽月)은 전후에 밝았는데, 장하다. 대성(大聖) 공부자(孔夫子)의 도덕이 관천(貫天)이라, 수정봉(水晶峰) 붉은 안개 조양각(朝陽閣)을 둘렀구나. 비봉산(飛鳳山) 둘러보니 의곡사(義谷寺) 저 중놈은 예불할 줄 제 모르고, 백납가사(白衲架裟) 구폭 장삼 가무하기 파세로다. 만경대 굽어드니 학선(鶴仙)이 앉아 춤을 추고, 촉석루를 나서니 침조산와(沈竈産蛙) 임진란(壬辰亂)에 충신 절사 누구더냐? 천지보군삼장사(天地報君三壯士)요, 강산류객일고루(江山留客一高樓), 암하(岩下)를 내려다보니, 만고정절의기암(萬古貞節義妓岩)은 열녀 충렬 장하도다. 대사지(大寺池) 둘러보니, 연잎은 숙어지고 금잉어(金鯉魚)는 꼬리친다. 살진 가물치 연당에 뛰고, 명치 꽁치는 바다에 놀고, 어여쁜 큰애기 이내 품에 잠들 적에 은행정리(銀杏情理) 어찌 다 말하리까? 남사정 썩 나서서 강탄(江灘)을 바라보니, 일엽편주 저 어부는 사풍세우불수귀(斜風細雨不須歸)라. 상율전(上栗田) 하율전(下栗田)에 녹음은 가지 지고, 꾀꼬리 벗 부르고, 백빈주(白蘋洲) 갈매기는 오락가락 넘놀 적에 배반(杯盤)이 낭자하여 풍악성이 들리거늘, 이내 말뚝이 터벅터벅 들어가 자세히 살펴보니, 그 중에 일등 미인이 앉았으되, 영양공주 · 난양공주 · 진채봉 · 계섬월 · 백능파 · 적경홍 · 가춘운 · 심요연까지 앉았는데, 아이야! 잔 드려라. 한 번 놀고 갈까보다. 둥두켕켕.

말티재, 수정봉, 조양각, 비봉산, 의곡사(만경대, 촉석루, 의기암, 남사정) 같은 진주의 자연과 인공물들을 들먹이어 진주 오광대의 현장성과 현재성을 부각시킨다. 진주 지역의 지명을 많이 언급함으로써 지역성을 드러내는 것도 진주 오광대의 또 한 가지 특징이다.

팔선녀와 노는 중

　　진주 오광대의 넷째 마당은 중놀음이다. 중놀음에는 중을 비롯하여, 중을 모시는 상좌, 양반, 말뚝이, 그리고 팔선녀가 등장한다. 팔선녀와 양반들이 춤을 추고 있는 동안 노장이 상좌를 앞세워 등장한다. 노장은 상좌를 시켜 두 미인을 호려서 춤추고 놀다가 사랑에 빠져서 가사 장삼을 벗어 던진다. 생원이 말뚝이를 시켜 노장을 잡아들이게 하니, 노장은 곤욕을 치르게 된다. 일반적으로는 불교의 타락상을 비판하는 과장이라고 해석되지만, 양반에게 억압당하는 당시 중들의 신분적 애환을 잘 보여주기도 하고, 신명이 넘치는 중이 수도에만 전념하기가 얼마나 어려운가 하는 인간적 애환을 보여주기도 한다.

　　우리나라 탈놀이의 중 과장은 양반 과장, 할미 과장과 더불어 탈놀

중놀음

이에서 중심적인 구실을 한다. 그래서 이 세 과장은 한국 전통 가면극의 3대 과장이라고 일컬어진다. 이 세 과장의 주제는 각각 '관념적 허위에 대한 비판' '신분적 특권 비판' '남성 횡포 비판' 등으로 집약되어, 우리나라 가면극의 3대 주제라고 여겨진다. 그렇듯이 진주 오광대에서 경기 지역이나 황해도 지역의 탈놀이와 가장 비슷한 요소를 찾는다면, 역시 중놀이, 말뚝이놀이, 영감 – 할미놀이라고 할 수 있다. 그러나 이들 탈놀이를 자세히 살펴보면, 인물의 설정에서는 유사성이 있으나, 이야기의 전개와 갈등 형식에서는 적지 않은 차이가 발견된다. 진주 오광대의 중놀이를 이해하기 위하여 먼저 그 줄거리를 추려

보자.

1) 팔선녀가 한바탕 흥겹게 춤추며 놀고 있다.
2) 이를 본 노장이 신명이 동하여 이들 가운데 두 소매를 유혹한다.
3) 노장이 소매들과 어우러져 노는 모습에 양반이 분을 참지 못한다.
4) 양반은 말뚝이를 시켜 노장을 잡아들인다.
5) 노장은 매를 맞고 자탄가를 부르며 퇴장한다.

탈놀이의 중 과장은 대개 다음과 같은 공통점을 갖는다. 중 과장의 주인공은 타락한 중이다. 탈놀이에 등장하는 중은 본디 오입쟁이지만, 이를 억누르고 감추면서 산중에서 수도하던 노장이다. 그러다가 풍류 소리를 듣고 신명이 동하여 염불을 걷어치우고, 속세의 즐거움

중의 모습

에 탐닉하게 된다. 물론 그 풍류정에는 항상 아름다운 미인인 소매가 자리하고 있다. 노장은 상좌를 앞세워 소매를 유혹하다가, 마침내는 자신이 직접 나선다. 왕년의 신명을 다시 북돋아 화려한 춤으로 소매를 유혹하는 데 성공한다. 하지만 본래 산중에서 수도해야 할 중이 속세에서 풍류를 즐기니 어찌 온전할 것인가? 관객들은 곧 그가 겪을 험난한 풍상을 예감한다. 새로운 갈등과 대결이 시작될 조짐이다.

여기까지는 진주 오광대의 중놀음과 다른 탈놀이의 중놀음 사이에 커다란 차이가 없다. 그리고 노장이 소매를 유혹하여 그녀를 얻는 데 성공하기까지는 탈놀음은 무언극 즉, 춤과 마임으로 이야기가 전개된다. 그러나 중 과장에 연극적인 대사가 들어가고 이야기가 극적으로 전개되면서, 각 탈놀이의 차이점이 드러나기 시작한다.

진주 오광대 중 마당에서는 중이 양반과 대결한다. 양주 별산대 놀이와 봉산 탈춤에서는 노장이 소무를 유혹하여 함께 놀다가, 이를 시기한 신장수 및 취발이와 대결하는 갈등 양상이 벌어진다. 반면에 오광대의 중놀음은 양반과의 갈등을 중심으로 이야기를 전개한다. 노장 또는 중과 대립하는 상대가 각기 다른 것이다. 따라서 이들의 싸움은 노장과 취발이의 싸움처럼 늙음과 젊음의 대결, 또는 낡은 세력과 새로운 세력의 갈등으로 해석하기는 어렵다. 오히려 특권계급에 속하는 양반과 억압 받는 계급 사이의 신분적 갈등으로 해석해야 옳을 것이다. 강자인 양반과 약자인 불승의 대립이다. 양반은 방금 말뚝이에게 당한 일에 대한 분풀이라도 하듯이 중을 구박한다. 중은 말뚝이의 경우와 다르게 양반에게 일방적으로 당한다.

여기서 겉으로 보기에 양반이 중을 치죄한 이유는 중이 절에서 염

벌은 하기 않고 계집들을 끼고 놀고 있었기 때문이다. 그러나 그것은 양반의 도덕적 위선을 가리기 위한 방편이었을 뿐, 실제 이유는 자신의 소매들을 되찾기 위한 것이다. 그 소매들은 팔선녀에 포함되어 양반과 어울려 놀았던 여인들이고, 양반은 이들을 집으로 데리고 가서 첩으로 삼으려 했기 때문이다.

여기서 우리는 진주 오광대의 또 다른 특징을 엿볼 수 있다. 진주 오광대의 각 과장들 사이의 연결구조이다. 일반적으로 우리나라 가면극은 각기 독립적인 주제를 가진 이야기들의 구성인 옴니버스 스타일이라고 알려져 있다. 이를 두고 탈춤의 연산구조라고 말하기도 한다. 마치 여러 산봉우리가 연결되어 하나의 산을 이루는 것과 같다는 말이다. 그런데 진주 오광대에서는 적어도 양반 과장, 중 과장, 할미 과장은 그 이야기가 서로 밀접히 연관되어 있다. 이는 진주 오광대의 현존하는 네 가지 대본을 통해서 확인된다. 정인섭본에서는 제7경에 육관대사 성진이 상좌와 더불어 등장하는데, 팔선녀와 양반이 놀고 있는 것을 엿보다가 팔선녀를 훔쳐서 도망친다. 그리고 양반을 찾아다니던 말뚝이에게 발견되는 것으로 되어 있다. 또 송석하본에서는 할미놀음인 제4과장에 노장이 등장한다. 생원이 할멈에게 상면시킬 여소무(女小巫)들을 찾으니 노장이 업어갔다고 하자, 생원이 노장을 잡아들이도록 말뚝이에게 명하고, 이에 노장은 소무들을 반환하는 것으로 되어 있다. 최상수본에서는 노장이 두 소매 사이에서 춤을 추며, 그들을 유혹하는 장면이 나온다. 또 이명길본에는 해인사 중 법승대사 성진이 팔선녀와 노는데, 이 팔선녀는 상좌와 남녀 소무 4인에 3인을 추가하여 구성되었다는 말이 나온다. 이들을 보면 말뚝이 과장의

양반에게 잡혀와 머리를 조아린 중(위)과 소매를 희롱하는 중(아래)

양반은 곧 할미 과장의 생원이고, 생원이 첩으로 데려온 영양공주와
난양공주, 두 소매는 양반과 놀았던 팔선녀 가운데 있었음을 알 수 있
다. 또한 이 세 과장에서 모두 양반은 비판의 대상이 되고, 말뚝이는
이 세 과장에 모두 출연하여 각기 달리 전개되는 양반 비판에 적절한
역할을 한다.

노장과 대결하는 양반은 이미 양반 과장에서 말뚝이와의 대결을
통해 그 무식과 위선, 그리고 가식이 폭로된 인물이다. 그러면서도 부
당한 폭력을 행사할 수 있는 신분적 특권을 누리는 인물이다. 이제 오
입쟁이 중과의 대결을 통해서 양반은 또다시 신분적 특권을 과시하여
폭력을 휘두름으로써 일방적으로 승리한다. 그러나 노장과 싸움에서
양반이 이겨 소매를 쟁취했다고 해서 양반은 과연 승리한 것일까? 양
반은 취발이처럼 관념적 허위에 맞선 사람의 면모를 보이지 못한다.
결국 그의 승리는 옹졸한 싸움에서 신분적 특권을 이용하여 부당하게
거두어진 것이 되고 만다. 따라서 양반은 승리했음에도 불구하고 웃
음거리가 되고 더욱 부정적인 인물이 된다. 양반에 대해서 관객이 가
질 수 있는 적대성은 더욱 강화된다. 양반 과장에서 행해졌던 양반에
대한 풍자와 비판이 더욱 심화되는 것이다. 여기서 말뚝이는 적절한
거리에서 이러한 갈등을 심화시키는 노릇을 계속한다. 오광대가 '말
뚝이 탈놀이'라고 불리는 것은 양반과 말뚝이에 대한 이러한 역할 확
대에서 비롯된다.

진주 오광대의 중놀이와 여타 탈놀이의 중 과장은 여자를 놓고 중
과 속인이 대결한다는 설정에서 비슷하다. 그러나 그것들은 중과 대
결하는 속인이 특권적 신분을 가진 양반이라는 점, 중이 먼저 유혹한

소매들이 애초에 양반의 여자였다는 점, 양자의 대결에서 중이 일방적으로 패배한다는 점에서 뚜렷이 구별된다. 또한 양주 별산대 놀이와 봉산 탈춤의 노장이 파계승들에 의해 끌려 나오고, 시종 춤과 마임으로만 이야기를 전개하는 것과는 달리, 진주 오광대의 노장은 제 흥에 겨워 스스로 등장하고, 스스로를 변명하는 재담이 있는 것도 커다란 차이점이다.

노장은 팔선녀를 희롱한다는 양반의 질타에 대항하여 인간적 애환을 다음과 같이 표현한다.

소승이 지금 해인사 중으로 의곡사에 볼일이 있어 내려오던 도중에 선녀들이 못가게 붙잡기에 부득이 놀게 되었는데, 소승도 본래 일정암 중이옵는데, 이정암 가는 길로, 삼로 네거리에 산듯한 임을 만나, 오장에 든 마음을 육도로 풀어내어, 칠가사 둘러메고, 팔도로 다니면서 구하는 게 미인이라. 이중 저중 회폐 마시오. 귀 위에만 중이였지 귀 아래도 중일까요.

대사 자체도 재미있으려니와, 귀 위의 머리 깎은 모습만 중이지 마음을 포함한 나머지 부분은 다른 인간들과 다를 바 없다는 심정을 잘 토로하고 있지 않은가?

마지막으로 노장의 자탄가를 들어 보자.

못하겠네. 못하겠네. 중―노릇을 못하겠네, 속가로 내려오면 어른을 보아도 인사를 하게 되고, 아이를 보고도 허리를 굽히니, 허리 요통증이 끊일 날 없어서, 중노릇을 못하겠네.

이는 당시 불승들의 신분적 애환을 잘 표현하고 있는 노래가 아닌가?

김해, 고성, 통영, 마산의 오광대의 중 과장은 상좌와 중이 등장하여 승무를 추거나 중 타령을 하는 정도이다. 아무런 재담도 없고 춤과 마임도 몸짓말을 표현하지 않는다. 따라서 이들 오광대의 중 과장은 오히려 양주 별산대 놀이나 봉산 탈춤에서 의식무 기능을 하는 상좌 춤 과장과 비슷한 성격을 지닌다고 할 수 있다. 이와 견줄 때, 진주 오광대의 중 과장이 탈놀이의 풍자성과 비판성을 강화하는 데 중요한 비중을 차지한다는 점은 오광대류 탈놀음 가운데서 진주 오광대가 갖는 특징이 될 수 있다.

우리 할미가 살아났다

다섯째 마당은 할미 놀음이다. 달비로 긴 비녀 찌르고, 옷고름에 큰 가락지 매고, 오른손에 긴 담뱃대 쥐고, 진홍단 속곳에 흰 치마저고리를 입었으나, 허리는 그대로 드러난 채 등장한 할미가 엉덩춤을 흔들어 추며 장단 맞춰 한바탕 배긴다. 그리고는 자신의 내력을 밝히며 신세 한탄을 한다. 할미는 오줌 누는 흉내로 구경꾼을 웃기기도 하고, 퍼질러 앉아서 물레질을 하다가 문득 문득 영감을 찾는다. 할미의 영감은 집을 버리고 세상을 떠돌던 생원이다. 할미가 신세 한탄을 하는 동안 말뚝이가 생원을 데리고 나타나 만나게 된다. 생원은 어여쁜 기생첩을 둘씩이나 데리고 왔다. 이 사실을 안 할미와 첩들 사이에 풍파가 일어난다. 생원은 색시들을 공격하는 할멈을 말리다가 그만 발

할미놀음

로 할미를 걷어차 죽게 만든다. 할멈이 죽은 것을 본 생원은 놀라서 할미를 살리려고 백방으로 애를 쓴다. 봉사를 불러다가 경을 읽히기도 하고, 의원을 불러다가 침을 맞혀 보지만 효험이 없다. 마지막으로 무당을 불러다 굿을 해 본다. 굿으로 켜켜이 끼여 있던 살을 풀어내자 할미가 살아난다. 온 동네 사람들이 모두 나와 한바탕 즐거운 춤판을 벌인다.

집을 버리고 나간 무책임한 남편 때문에 우여곡절을 겪는 가정의 모습, 불륜스러운 남녀관계의 귀결을 보여 주는 마당이다. 당시 가부장제에 희생당했던 여성의 운명을 잘 그려내고 있다.

이 할미놀음은 '양반첩본처' 사이의 삼각관계를 바탕으로 한 갈등구조를 가지고 있다. 이러한 처첩 사이의 갈등구조를 바탕으로 한 할미과장은 그 극적 모티브나 갈등 해결 양상에서 다른 지역의 탈놀이들과 커다란 유사성을 갖고 있다. 산대 놀이 계통의 탈춤, 해서 지방의 탈춤, 다른 오광대 놀이에서도 '영감 – 할미 – 첩'은 공통으로 등장하는 인물이기 때문이다. 그러나 영감 – 할미 싸움의 원인이나 싸움의 승패 양상에는 지역에 따라서 적지 않은 차이가 있다. 그런 가운데 진주 오광대의 할미 과장은 인물 성격의 설정과 갈등 전개 양상에서 독특한 점이 많다. 먼저 진주 오광대의 할미가 어떤 인물인가를 살펴보자.

첫째, 할미는 몰락한 양반집에 시집 온 아낙이었다. 이는 할미 마당이 시작되자 할미가 등장하면서 하는 다음의 재담에서 짐작할 수 있다.

> 예문범절 우리 집에서 처량하게도 살았건만, 십칠세가 되고 보니 호년법썩 하는구나, 청실홍실 걸어놓고 백년가약을 맺은 후에, 시집이라 간 것이 허물어진 빈 방 안에 호박 하나 물레 하나, 시집이라 간 것이 오라바니 접방살이만도 못하더라.

예의범절을 들추는 것으로 보아 할미는 양반집 자제임이 틀림없다. 그러나 "시집이라고 간 것이 오라바니 접방살이만도 못하더라"고 하는 것으로 미루어 몰락한 양반집에 시집와서 고생이 말도 아니었던가 보다. 그러므로 진주 오광대의 할미는 생원, 즉 양반의 마나님으로 양반 신분이라는 점에서 다른 지역 가면극의 할미와는 구별된다. 다른 지역 가면극의 할미는 대개 굿을 하던 무당이기 때문이다.

둘째, 할미는 영감이 집을 나간 사이 말뚝이와 통정을 하였다. 그래서 생긴 아이가 바로 무시르미이다. 이러한 사실은 제2과장에 나오는 어딩이이 대시 기오데시 드리빈다.

　　우리 고을 양반 생원님이 벼슬하러 서울 가시고, 안방 마누라님은 낯
값도 못하고 젊은 말뚝이하고 눈이 맞아, 이 아를 낳았는 기라!

　이 무시르미는 어딩이에게 맡겨서 키워졌는데, 손님병, 즉 천연두
에 걸렸다. 할미와 말뚝이의 통정은 송석하본과 이명길본에서도 읽
을 수 있다. 송석하본에는 다음과 같은 장면 묘사가 있다.

　　그간(其間)에 할무광대(老마님)는 오줌을 누고 목면(木棉)을 짜는 형
　용도 한다. 할무광대는 영감(생원님)을 찾는 형용으로 이마에다 손을
　대고 찾다가 갑자기 '말둑아 말둑아' 하면서 말둑이(下人)하고 연애하
　던 추억(追憶)을 한다. 생원님, 할미(할무광대)가 상면(相面)하여 말다툼
　이 난다.

　또한 이명길본에는 할미와 말뚝이가 어울려 춤을 추다가 무시르미
가 나오자, 화들짝 놀라서 떨어지는 장면이 묘사된다. 뿐만 아니라,
양반－말뚝이놀이의 대사에서도 말뚝이와 할미의 관계가, 양반이 죽
여 버리겠다고 위협하는데 말뚝이가 항거하는 장면에서도 암시되고
있다.

　　"말뚝이: 쉬－, 노마님은 웃도장 문 앞에서 화활신 벗고, 요내 말뚝이
　　　　　는 아랫도장 문 앞에서 화－활신 벗고, 거불렁 겹죽 둥둥 캥
　　　　　캥.(정절꿍이 반주에 한바탕 춤을 춘다)
　　옹생원: 쉬－ 잘 되었다!

탈판에 등장하여 자신의 내력을 밝히면서 신세한탄하는 할미

우리 할미가 살아났다 99

할멈과 영감의 싸움

　　차생원: 참— 잘 되었다. 양반의 집구석 잘 되었어.(하면, 굿거리 장
　　　　　　단이 울리면서 모두 함께 어울려 한바탕 춤을 춘다.)"

　셋째, 이런 이유 때문인지, 할미는 본래 양반이면서도 양반이라는
신분적 허세를 떨지 않는다. 오히려 허위의식을 떨쳐버린 인물로 묘
사된다. 양반의 허세가 배척 받는 놀이판에서, 할미의 이러한 성격은
그녀가 양반이라는 신분에서 벗어나도록 한다. 따라서 할미는 줄곧
관객들의 웃음을 자아내며 그들의 동정적이고 우호적인 분위기를 만
들어낸다.

　이런 할미와 대척 관계에 있는 영감은 바로 말뚝이와 대결을 벌이
던 생원이다. 생원은 양반 과장, 중 과장에 지속적으로 등장하면서 그

경 읽는 봉사

무능함과 포악함이 드러난 양반이다. 생원은 집으로 돌아오면서, 중을 벌하고 차지한 난양공주와 영양공주를 대동하고 온다. 할미가 이들을 보고 질투하여 결국 생원과 싸우게 되는 것이다. 그리고 싸움은 첩을 둘씩이나 거느리고 돌아온 양반의 행실을 비난하던 할미가 양반에게 맞아 급작스럽게 살해되는 것으로 종결되어 버린다.

할   미: (잠시 분을 참는 듯하더니 갑자기) 잇년드을! 남의 영감을 빼앗아? 오늘 내랑 사생결단을 한 분 해보자! (덤벼들어 둘을 마구 때린다.)
서울애기들: (생원님 뒤로 달아나 숨으면서) 아이고, 영감! 사람 살려 주시오!

화가 치민 샘원님이 한미에게 달려들이 몰문극직하고 배려 넘어뜨리고는 발로 차기까지 하자, 할미가 그만 기절을 하고 말았다.

할미 과장의 시작부터 해학적인 연기로 역동적인 웃음을 자아내던 할미가 영감에게 맞아 죽음으로써 영감과 할미의 갈등은 할미의 패배로 끝나는 것처럼 보인다. 흥겨운 놀이마당은 도저히 죽을 수 없고, 죽어서도 안 되는 인물의 갑작스런 죽음에 따라 일시에 소강상태에 빠진다. 양반 과장과 중 과장에서 소극적으로 드러나던 양반의 폭력성이 노골적으로 드러나는 장면이다. 관중들은 잠시 "아이쿠" 하는 허탈한 상태에 빠진다. 결국 할멈은 저렇게 죽고 마는가? 이것이 처첩 사이 갈등의 귀결이란 말인가? 갈등의 정점에서 양반의 폭력성에 대한 관중의 분노는 극에 달한다.

할미의 죽음으로 정신을 차린 영감은 할미를 살려보려고 애쓴다. 의원이 들어와 침을 놓아보고, 봉사를 불러다가 경을 읽는다. 그러나 해결의 기미는 없다. 관중들의 안타까움은 더해만 간다.

여기서 우리가 미처 상상할 수 없었던 역전이 이루어진다. 그것은 인간적인 갈등에 대한 인간적인 해결수단에 의해서가 아니다. 인간들 사이의 갈등에서 초래된 부정적 정서는 무당이 신을 청해 들어서 맺힌 한을 풀어냄으로써 정화된다. 이것은 초월적인 해결의 모색이다.

사자 없는 죽음이야, 급살 맞은 죽음이야. 원통하고 절통한 죽음이야. 경을 읽는다고 살것나, 침을 맞는다고 낫것나. 원통한 이 망자의 맺힌 고를 풀어보자. 아이고 야속하고 무정한 이 영감아. 요법사. 이 망자를 보니까 사방살 오방살을 풀어야 살아나것는데, 우리 한번 살귀살신을 풀어봅시다. 어라만수. 어라대신이야. 액을 막아 소멸하고 수를 막

아 소멸하고, 어느 달이 액달이고 어느 달이 수달인고, 사람의 몸은 하나인데, 살은 육십네살이다. 머리 위에 종근살, 머리 밑에 두평살. 얼굴에 기상살, 손에 육갑살, 발에 나양살. 살귀살신을 막아 맺힌 고를 풀어보자. 맺힌 한도 풀어가자. …… 세상 나서 이리 기막힌 데가 있나, 영감아 네 화상이나 한 번 쳐다보자. 날로 이리 갈시하고 이리 가슴에 한이 맺히거로 만들었나.

무당이 굿하는 대목이다. 실제 공연 현장에서 굿은 엄숙한 분위기를 자아내며 진행된다. 할미의 원혼은 무당의 입을 통해 자신의 억울

함을 호소한다. 사기 죽음의 원인 제공자인 양반을 치죄한다. 실제 공연 현장에서, 무당은 마당에 끼인 살을 풀기 위해 양반을 엎어 놓고 굵은 대나무 가지로 내리친다. 관중들 역시 한 마음으로 양반에 대한 징죄에 참여한다. 오구굿이 한창 고조되었을 때에 할미가 사지를 움직이기 시작한다. 할미가 살아나는 것이다. 생원은 좋아서 "동네 사람들, 우리 할멈이 살아났소!"라고 외친다. 장단이 무정적꿍이로 바뀌고 퇴장하였던 사람들이 팔선녀를 앞세워 모두 나와서는 한바탕 흥겹게 어우러진다.

초월적인 힘에 따라 모든 분쟁의 단초였던 양반은 벌을 받았고, 인간의 힘으로는 돌이킬 수 없었던 할미의 죽음은 부활로 역전되었다. 이로써 놀이판은 다시 조화와 신명의 에너지로 충만하게 되었다. 인간의 세계에 신성이 재현되고, 이 과정에서 오방신장무 과장이나 문둥이 과장에서 신들이 이루었던 조화로운 공간이 회복된다.

일반적으로 탈춤을 신화나 굿과 비교하여 설명하는 학자들에 따르면, 할미 과장에 등장하는 할미는 생산력을 상실한 늙은 여신이다. 그들은 할미와 영감의 대결의 의미를 여름과 겨울의 싸움이라는 굿의 구조를 가지고 파악한다. 여기서 겨울을 상징하는 존재인 할미가 여름을 상징하는 영감에 따라 죽음을 맞는 것은 '닳아버린 코스모스의 에너지 회복'을 위한 것이며, 겨울을 상징하는 할미는 혼돈 자체로 그녀의 죽음은 당연한 사건으로 받아들여지게 된다.

그러나 진주 오광대의 할미 과장은 이러한 도식과 갈등구조로는 파악하기 어렵다.

첫째, 진주 오광대의 할미는 여느 지역 할미 과장에 등장하는 할미

와는 성격이 판이하다. 진주 오광대의 할미는 생산력을 상실한 늙은
여신이 아니다. 오히려 혼자 아이 낳는 장면을 재연해 보이고, 그렇게
낳은 아들을 천연두의 재앙으로부터 지켜냄으로써 강력한 모성을 과
시한다. 특히, 할미가 길쌈하는 장면이나 오줌 누는 장면은 할미의 왕
성한 생산력을 잘 보여 주는 대목이라 하겠다. 물레질은 '목숨을 상
징하는 실'을 생산하는 행위로, 물레질하는 진주 오광대의 할미는 강
력한 지모신의 면모를 유지하고 있다고 볼 수 있다. 또한 오줌 누는
행위는 토지의 생명력 증강을 위한 것으로 파악할 수 있다. 물은 생명
의 원천으로서 여성이 지닌 생명력의 상징이 될 수 있다는 점에서, 또
한 오줌은 터부시된 성행위와 통하는 성기의 노출을 의미하고 있다는
점에서, 할미의 오줌 누는 행위는 에너지가 충만한 지모신적인 성격
을 보여주는 것이다.

오줌을 누는 할미

둘째, 할미 과장의 주된 갈등은 첩으로 말미암아 야기된 영감(양반)과 할미(노마님)의 갈등이다. 진주 오광대의 영감 – 할미놀이의 갈등구조는 첩을 사이에 둔 삼각구조를 지니는 점에서는 다른 탈춤들과 비슷하지만, 그 갈등의 직접적인 원인이나 그것이 해결되는 방식에는 커다란 차이를 보인다. 다른 탈춤의 경우, 할미와 영감의 갈등이 영감이 자식을 제대로 돌보지 않은 할미에게 분개함으로써 일어나거나(동래, 수영), 첩이 낳은 자식을 죽인 것에 대해 분개하여 일어나는(고성) 것과 달리, 진주 오광대의 경우는 첩에 대한 할미의 구박에 분개하여 일어난다. 또한 다른 탈춤의 경우는 할미와 영감의 갈등이 할미가 살고 영감이 죽음으로써 해결되거나(가락), 할미가 죽어서 상여가 나감으로써 해결되는 것과 달리, 진주 오광대에서는 할미가 부활함으로써 해결된다. 대부분의 한국 가면극에서 여성신인 할미가 생산력을 다하여 필연적으로 죽음에 이르게 되는 것과 달리, 진주 오광대 할미 마당에서 할미는, 하회 별신굿 할미 마당과 가산 오광대 할미 마당의 할미와 마찬가지로 여전히 에너지가 충만한 지모신의 모습을 유지하고 있다.

셋째, 진주 오광대의 할미는 과도한 성욕과 신명을 가진 인물로 묘사된다. 무시르미 역시 할미가 왕성한 생산력을 소유하고 있다는 한 표지로 등장한다. 민중은 말뚝이와 불륜에 빠져 패가망신한 노마님의 부정적인 측면에 개의치 않는다. 오히려 건강한 생명력을 가진 것을 과시하는 할미의 모습을 긍정한다. 이는 할미가 민중과의 갈등을 누적시켜 온 양반의 폭력성을 극복할 힘을 가지고 화해의 지점을 확보할 중재자의 역할을 할 인물임을 예감하기 때문이 아닐까? 이는 전

도된 놀이판의 가치관과 민중적 세계관에서나 가능한 문제 해결 양식이다. 할미 역에 대한 이러한 해석은 진주 오광대가 민중적 가치와 문제 해결 양식을 섬세히 보여주는 탈춤임을 드러내 준다.

진주 오광대 덧배기춤의 맛과 멋

　탈놀이에서 가장 중요한 요소는 역시 춤이다. 가면극은 본질적으로 대사를 많이 할 수 있는 연극이 아니다. 기본적으로 탈을 써야 되는 가면극에서 대사는 그 전달력이 축소되기 때문이다. 그러므로 대사만 가지고는 극의 재미가 없다. 그래서 역시 가면극에서는 춤을 재미있게 잘 추고, 그 춤이 어떤 갈등 양상을 표현할 수 있어야 제대로 된 드라마가 된다. 그러기에 흔히 탈놀음 또는 가면극을 그냥 탈춤이라고도 부르는 것이다. 물론 춤은 반주음악을 동반한다. 반주음악을 동반하고, 일정한 양식에 따라서 추는 춤을 춤사위라고 한다. 우리나라의 여러 가면극을 구분하는 중요한 요소 가운데 하나가 바로 춤사위이다. 춤사위란 가면극의 연극적 표현방법으로서 일종의 몸짓말이라고도 할 수 있다.

각 지역의 탈춤에는 나름의 독특한 춤사위가 있는데, 영남 지역 오광대 탈놀음의 춤사위는 덧배기춤이라고 부른다. 덧배기춤, 덧보기춤, 덧뵈기춤, 덧베기춤, 덧백이춤, 떨배기춤, 덮애기춤 등이 혼용되기도 하는데, 이는 영남 지방 춤의 대명사이기도 하다. 낙동강을 가운데 놓고 좌우로 펼쳐진 들녘 사람들의 독특한 춤가락을 덧배기춤이라 일컫는 것이다. "소리는 전라도요, 춤은 영남이다"라는 소리를 듣게 한 춤이 바로 덧배기춤이다.

진주 오광대는 덧배기춤이 무척이나 빼어났던 탈춤이다. 이는 오래 전 채록된 진주 오광대의 대본에서 확인된다. 최상수본을 보면, 말뚝이와 생원의 재담 사이사이에 "함께 어울리어 굿거리 장단에 맞추어 한바탕 덧보기춤을 춘다"고 기록하고 있다. 이 사실은 이명길본에서도 발견된다. 첫째 마당 오방신장놀음에도 진주 오광대의 춤이 대단했을 것이라고 짐작되는 대목이 있다. 정인섭본에 따르면, 진주 오광대의 오방신장놀음은 재담 한마디 없이 춤과 반주음악만으로 한 시간 동안 이어진다고 했다. 그때 반주음악에 동원되었던 것이 '피리, 젓대, 장고, 해금, 대북 등'으로 이른바 삼현육각이다. 다른 지역의 오광대가 주로 타악기인 북을 위주로 사물을 연주하는 것과는 사뭇 다르다. 오방신장들이 등장할 때는 '고조선진곡'(정인섭본) 또는 '염불타령'(송석하본)으로 반주를 하다가, 신장들이 모두 제자리를 잡고 나면 '굿거리'로 장단이 바뀌면서 침묵 가운데 '진춤'을 한 시간에 걸쳐 춘다. 춤과 장단이 어지간하지 않고는 그 긴 시간 동안 관객들의 마음을 사로잡을 수 없었을 것이다. 그렇다면 도대체 덧배기춤이란 어

덧배기춤

떤 춤인가? 또 진주 오광대에서는 어떤 덧배기춤이 추어지고 있을까?

덧배기춤이 오광대에서 발생했는지, 아니면 이 지역에서 전승되고 일반적으로 추어지던 춤을 오광대가 차용했는지는 확인할 도리가 없다. 하지만 덧배기춤이 한국춤의 유형 가운데 가장 오래된 것이며, 그것은 탈놀음과 어떤의 관련성이 있다는 것은 널리 인정되고 있다.

우선 '덧배기'라는 말의 어원을 살펴보자. '덧'이라는 말은 '덧붙이다' 등에서 사용되듯이 본래의 것에다 또 하나를 겹치거나 붙이는 것을 말한다. 덧문, 덧버선, 덧저고리, 덧니 등 이중적이거나 과장된 것을 이른다. 또한 '덧' 은 '덧나다', '덧내다' 에서와 같이 '잘못 건드려서 병이나 노여움이 더해지다, 흠 또는 상처를 내다' 라는 뜻을 가지고 있다. 이 두 가지 의미에서 '덧' 은 '탈' 이란 말과 같은 의미를 갖는다. 왜냐하면 탈이란 본디 얼굴에 덧붙이는 물건을 가리키는 동시에 '탈났다', '탈내다' 에서와 같이 어떤 것이 정상적인 상태에서 벗어난 경우를 이르기 때문이다. 우리 조상들은 그 비정상적인 상태인 탈이 대개 악귀에 따라 초래된 것이니 보았기 때문에 이 탈을 물리치기 위해서 또 다른 의미의 탈을 썼던 것이다. 따라서 덧은 악귀로서의 탈이자, 그 악귀를 물리치기 위해 쓰는 탈이다. 그리고 덧을 본다는 것은 역신을 즐겁게 하고 달랜다는 의미로서, 탈을 쓰고 악귀를 물리치기 위해서 놀이를 한다는 것으로, 이것이 바로 나희(儺戲)이다.

한편 덧배기춤은 배김새춤이라고 부르기도 한다. 여기서 '덧' 은 '거듭, 겹, 곱' 을 뜻하고, '배기' 는 '박이다' 의 명사형이다. 따라서 '덧배기' 는 겹쳐 백이는 춤동작으로 풀이될 수도 있다. 실제로 부산 · 경남 사람들은 덧배기춤을 '꽉 백이는' 춤이라고 말한다. 그런 만큼 덧배기춤에서 핵심 부분은 배김사위에 있고, 이 춤사위가 춤의 특성을 고스란히 일러준다. 이렇게 보면, 덧배기는 '덧을 베어 버린다' 즉, 인간에게 해악을 끼치는 탈난 잡것을 베어 없애 버린다는 뜻을 원천적으로 품고 있다고 하겠다. 바로 배김사위가 이를 전형적으로 보여주는데, 지신을 진압하듯 크게 뛰어 땅을 내리밟는 춤동작에서 우리는 긴장감이 감도는 공격적인 박력을 살필 수 있다.

육당 최남선은 "덧보기는 우리 고유어의 나희를 이르는 말이니, 본래 역신을 즐겁게 한다는 말로부터 뒤에는 역신을 물리친다는 의미로

들러씌오 말"이라고 한 바 있다. 이렇게 보면, 덧배기춤은 본디 탈놀이와 깊은 연관을 가졌던 것으로서, 결국 덧은 탈이며 탈은 바로 악귀로서, 덧배기는 탈춤, 즉 가면무라고 할 수 있다. 그래서인지 유랑예인집단인 남사당패가 공연하는 탈춤을 '덧배기'라고 부른다.

하지만 경남 지방에서는 탈춤만을 덧배기라고 부르지 않는다. 오히려 경남 지방에서 추는 춤의 대표적인 양식을 덧배기라고 부른다. 그러면 경남 덧배기춤은 어떤 특징을 가졌을까?

첫째, 덧배기춤은 남성춤이다. 오광대가 등장하는 덧배기춤 가운데서 할미춤과 각시춤을 제외하고는 양반춤, 말뚝이춤, 문둥춤, 영감춤 등은 거의가 남성춤이다. 덧배기춤에는 일반적으로 잔가락이 없고, 팔놀림이 다양하지 않으며, 발디딤이 강하고, 동작선도 굵고 억세며, 움직임이 완만하고, 동시에 우람하면서도 남성적인 박력이 있다. 이러한 특징은 고대(古代) 기악(伎樂)의 진현무(振賢舞)에서 추는 치고 차는 모습이나, 구나(驅儺)에서 축귀(逐鬼)를 행하던 동작들과 전혀 무관하지 않은 것 같다. 덧배기가 본래 축귀를 위한 춤이었던 까닭에, "손과 발로 귀신을 몰아, 걷어차는 형국으로 힘차게 뛰어나가며, 몰아서 감아 배기는" 춤사위를 특징으로 한다.

둘째, 덧배기춤은 주로 굿거리춤이다. 서울을 중심으로 중부 이북 지방의 춤은 주로 타령조이고, 호남 지역의 춤이 살풀이조라면, 영남 지역은 굿거리조이다. 주로 굿거리 장단을 바라지로 하기 때문이다. 굿거리 장단은 타령 장단과 살풀이 장단의 중간형으로 볼 수 있다. 박의 수는 살풀이와 같으나 강약이 다르다. 장고의 구음으로는 '덩-기덕, 덩더르르, 덩-기덕, 덩더르르'하고 친다. 이 굿거리 장단은 채를

굴리면서 소리를 이어나가기 때문에, 리듬이 부드럽고 그 맛이 담백하다. 굿거리춤은 역시 모가 나지 않고 둥글면서 끊어지지 않고 계속 이어지는 부드러움이 있다.

셋째, 경남 지역 덧배기춤은 흥풀이춤이다. 일정한 형식에 구애됨이 없이 자기 멋대로 즉흥적으로 추는 춤이다. 이 춤에서는 외형적인 아름다움, 즉 태 자체보다는 흥과 멋이 강조된다. 엇가락이나 잔 맛보다는 소박하며 순수한 맛이 담겨 있다. 발디딤이나 춤가락도 생김새대로 질박하다. 무릎의 굴신이 비교적 많고 어깨놀림이 활발하며 호흡이 크기 때문에 신나는 흥취를 북돋운다. 타령이 한삼 계통을 많이 사용하고, 살풀이는 긴 수건을 들고 추는 것과 달리, 즉흥춤인 굿거리는 그냥 손춤(입춤)을 많이 춘다. 일정한 정형이 없고 추는 사람이 가장 편한 자세를 취하면서 발을 옮기거나 돌면서 몸의 중심을 잡아간다.

밀양 백중 놀이 덧배기춤

넷째, 춤사위는 배김사위를 중심으로 한다. 배긴다는 것은 몸을 공중으로 치켜 올렸다가 발로 대지를 내려차듯이 힘차게 내딛는 동작을 말한다. "손과 발로 귀신을 몰아 걷어차는 형국으로 힘차게 뛰어나가 몰아서 감아 배기는" 이 대목이야말로 그늘진 삶에 응어리진 원한을 단숨에 척결하여 풀어헤치는 민중적 신명의 극점이다. 그리고는 결집된 생체에너지를 어르고 풀어주는 대목으로 이어져, '맺고 풂'의 우주적 순환원리를 따른다. 춤을 추어나가다가 한 번씩 배기고, 배긴 다음에는 반드시 풀어주는 형태이다. 그러니까 덧배기춤의 배김사위 앞과 뒤에는 배김사위로 들어가기 위한 예비단계로서 도입부가 있다. 도입부, 배김사위, 이행부 이 세 과정을 한 묶음으로 하여 배김새 가락은 구성되고 진행된다. 이 세 과정은 우리나라 춤의 일반적 특징인 각각 내고 다는 대목, 맺는(배기고 어르는) 대목, 푸는 대목에 견주어 볼 수 있다.

배김사위에는 두 번을 연거푸 배긴다고 겹배김새, 뒤로 뛰면서 배긴다고 뒷배김새, 앉으면서 배기는 앉음배김새 등이 있다. 구체적인 동작으로는 활개를 활짝 펴고 추는 일자사위, 양팔을 벌려서 차례로 어깨에 올렸다 내렸다 하는 좌우활개사위, 주로 배긴 뒤에 몸을 서서히 풀어주는 풀이사위, 한 바퀴를 도는 돌림사위, 한쪽 발로 뛰거나 양발을 동시에 뛰는 뜀사위 등이 있다.

그러면 진주 오광대의 배김사위를 살펴보자. 진주 오광대의 덧배기춤은 춤의 갈래로 보면 배역춤에 속한다. 오방신장춤, 문둥이춤, 양반춤, 말뚝이춤, 중춤 등에서 배김사위가 두드러지는데, 그 일반적 형태는 비슷하다. 여기서는 오방신장춤의 배김사위를 살펴보기로

114

오방신장 덧배기춤

하자.

오방신장춤의 배김사위는 크게 준비동작(2장단), 본동작(4장단), 마무리동작(2장단)의 세 부분으로 구성된다. 중앙 황제장군과 나머지 신장들이 굿거리 장단에 맞추어 대무를 하고 난 다음, 덧배기춤이 시작된다. 신장들은 배김사위 장단에 맞추어 일자사위를 하면서 중앙을 향하여 1장단 전진하는 동안, 꽹과리가 '당 다그다그, 당그 다그 다그, 다그 다그 다그……' 하며 달아 몰아가는 가락을 치면, 다시 더크게 일자사위를 하면서 자기 자리를 향하여 뒤로 1장단 후퇴한다. 그리고는 본동작이 시작되는데, '다다당 다다/당 당다다/당 다다당/당당' 하는 첫째 장단의 1박에 왼손을 앞으로, 오른손을 뒤로 한삼을 치면서 중앙을 향하여 오른발을 들고 뛴다. 2박에는 오른손을 앞으로, 왼손을 뒤로 한삼치기를 하면서 왼발을 들고 뛴다. 3박에 다시 왼손을 앞으로, 오른손을 뒤로 한삼 치기를 하며, 오른발을 들고 뛴다. 4

빅에 오는손 한삼을 오른쪽 어깨에 얹는다. 여기까지는 1박 1보의 호핑 스텝을 한다. 본동작의 두 번째 장단에 '당 /닥 닥/ 닥 /닥닥' 하며 끊어 배기듯 하는 쇠가락에 따라 배김새를 한다. 첫 박에 오른손으로 한삼을 크게 앞으로 던지며, 오른발을 강하게 앞으로 내딛으면서 콱 배긴다. 이때 고개를 숙이며, 몸의 중심을 오른발에 두고, 왼발은 뒤로 길게 뻗는다. 2박에 고개를 위로 젖히며, 오른손 한삼을 왼쪽 어깨에 얹는다. 이때 호흡은 위로 들이마신다. 3박에 고개를 숙이며, 호흡을 내쉰다. 4박에 고개를 위로 젖히며 호흡을 위로 들이마신다. 그리고는 '당/당 /당그당/당 당' 하는 세 번째 장단에 몸을 앞으로 펴면서 어깻짓으로 한 장단을 어른다. 네 번째 장단에는 몸체를 비스듬히 눕힌 상태에서 몸의 중심을 오른발에 두고, 왼발은 뒤로 길게 뻗은 상태에서 몸을 조금씩 일으키면서 오른발을 중심에 두고 왼발을 찍으면서 돈다. 그리고는 오른팔을 왼쪽 어깨로부터 풀어 내려서 양손을 위로 뿌린다.

이 네 장단의 춤을 진주 오광대의 배김새사위라고 할 수 있다. 그러니까 이 배김새사위는 덧배기 전체 구조에서 보면, 맺는 즉 배기고 푸는 대목에 해당하지만, 그 자체 안에서 다시 네 장단 각각이 내고, 달고, 맺고, 푸는 우리 춤의 기본 구조를 가지고 있다. 이제 굿거리 기본 장단에 맞추어 마무리 동작이 시작되면, 첫째 장단에 좌우활개사위를 하면서 어깨춤으로 신명을 풀어내면서 원래 자리로 돌아온 뒤, 둘째 장단에 제자리에서 일자사위를 하며 한 바퀴 돈다.

문둥이춤의 덧배기사위도 이와 크게 다르지 않다. 준비동작에서 1장단을 각자 자유롭게 굿거리춤을 춘다. 본동작의 첫 장단에 손을 자

116

유롭게 흔들면서 1박 1보의 호핑 스텝을 한다. 두 번째 장단의 1박에 오른발을 강하게 원 중심으로 내딛으면서 원 중심을 향해 고개를 숙이며 콱 배긴다. 이때 몸의 중심은 가운데 둔다. 2박에 고개를 위로 젖힌다. 3박에 약하게 고개를 숙였다가, 4박에 약하게 고개를 위로 젖힌다. 이때 몸은 정지 상태에 둔다. 마무리 동작 한 장단은 왼발에 중심을 두고, 1박에 한 번씩 오른발로 찍으면서 원 밖을 향해 돈다. 이때 양손을 옆으로 벌리고, 어깨를 리듬에 맞추어 흔든다.

이렇게 내고 달아, 배기고 어르고, 푸는 일련의 과정은 덧배기춤이

먼 이느 춤에나 공통으로 나타지만, 춤의 갈래나 유형에 따라, 추는 이에 따라, 지역에 따라 그 품새에 차이가 나게 마련이다. 이 덧배기 춤에서, "손 한번 들어, 어깨 한번 움찔하면 춤이 되고 만다는" '춤의 고장' 다운 너름새를 엿보게 된다.

진주 오광대 탈의 미학

　요즈음은 탈을 쓴 놀이꾼들이 춤, 노래, 재담과 몸짓으로 놀고 연극을 하는 일을 탈춤이라고 부른다. 하지만 본래 탈춤은 해서 지방인 황해도 일원에 분포된 가면극만을 가리키던 말이다. 그러던 것이 1970년대 이후 대학가에서 민속극 부흥 운동이 일어나면서 탈패·탈꾼이라는 용어와 함께 탈춤이라는 용어가 보편화하면서, 그것과 경합하던 '가면극', '탈놀음' 등의 용어를 제치고 민속극을 대표하는 용어로 떠올랐다. 그래서 오늘날에는 탈춤이 황해도 지역의 가면극만이 아니라, 가면극 일반을 가리키는 말로 사용되고 있다. 가면극이란 용어가 '가면'과 '극'의 합성어인데 견주어, 탈춤은 '탈'과 '춤'이라는 우리 전통 민속극의 본질적인 요소들을 표현한다.

가면극은 그 연구 초창기부터 '탈놀음' 이라는 이름으로 많이 불려 왔다. 1930년대에 진주 오광대를 조사한 송석하는 "가면은 '탈' (Tahl)이라 하고 가면극은 '탈놀음' (Tahl-Norum)이라고 한다" 라고 기록하였다. 진주 오광대의 최초 채록본을 남기면서 정인섭도 〈晋州 五廣大-탈노름〉이라고 표제를 달았다. 이는 초창기 연구자들이 현지 놀이꾼과 주민들이 쓰던 말을 그대로 채록하여 본래의 의미를 충분히 살리려는 의도를 가졌기 때문이라고 하겠다. 탈놀음은 때로 탈놀이 와 혼용될 수 있는데, 이때 탈놀이는 사람이 즐겁게 노는 일들을 포괄 하여 가리키는 데 견주어, 탈놀음은 일정한 절기에 일정한 집단이 어 떤 목적을 가지고 준비하여 의식적으로 꾸며서 노는 일을 가리키는 말이라고 할 수 있다. 그러므로 진주 오광대의 정확한 명칭은 '진주 오광대 탈놀음' 이라고 할 수 있다.

탈놀음이란 용어는 탈을 매개로 한 연극이자 놀이임을 강조하는 표현이다. 무엇보다도 탈이 가장 중요한 동원매체라는 점이 탈놀음 의 특징이다. 탈은 그것이 주는 은폐성, 신비감, 역할 대행, 판놀음의 신명 등으로 탈놀음 특유의 제의성과 연극성, 그리고 놀이성에 기여 한다. 물론 진주 오광대의 무당과 같이 탈놀음에서 탈을 쓰지 않고 등 장하는 배역도 있지만, 이것은 매우 예외적인 경우이다.

그러면 진주 오광대에는 어떤 탈들이 있으며, 그 각각은 어떤 특징 을 갖는가? 또 그 탈들은 어떤 아름다움을 지니고 있는가?

현재 소장된 진주 오광대의 탈로서 가장 오래된 것은 1930년대 송 석하가 수집한 탈 17점이다. 이것들은 국립중앙박물관에 있다. 그 뒤 1960년대에 최상수가 수집한 탈 13점은 국립민속박물관에 보관되어

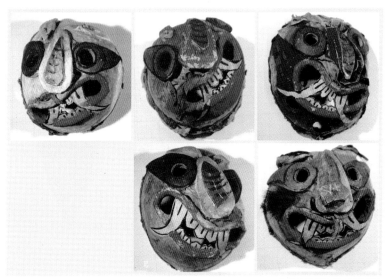

있다. 국립중앙박물관이 소장하고 있는 탈은 오방신장 6점(종이), 문
둥이 5점(바가지), 어딩이 1점(종이), 무시르미 1점(종이), 노장 1점
(종이), 할미 1점(종이), 순사 겸 소무 2점(종이) 등이다. 국립민속박
물관에 보관된 탈 13점은 오방신장 5점(나무), 문둥이 5점(나무), 옹
생원 1점(나무), 차생원 1점(나무), 노장 1점(나무) 등이다. 이 탈들은
1996년, 고려대 전경욱 교수가 발견하여 학계에 알려졌다. 1998년에
재연된 진주 오광대의 탈들은 송석하가 수집한 것들을 실측·촬영하
여 재현한 것이고, 나머지 것들은 송석하가 남긴 진주 오광대 사진을
바탕으로 남아 있는 탈들과 인근 가산 오광대 탈들의 이미지를 참조
하여 제작한 것이다.

　진주 오광대의 탈들은 그것이 등장하는 마당의 내용과 성격을 반
영하고 있다. 각 탈들은 탈이 지녔다고 생각되는 주술성, 연행성, 조

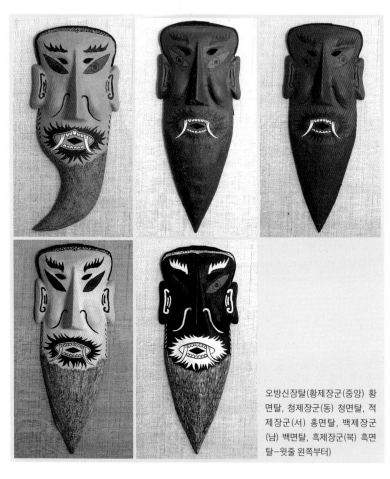

오방신장탈(황제장군(중앙) 황
면탈, 청제장군(동) 청면탈, 적
제장군(서) 홍면탈, 백제장군
(남) 백면탈, 흑제장군(북) 흑면
탈-윗줄 왼쪽부터)

형성, 회화성 가운데 특정 부분을 강조하고 있다.

　진주 오광대의 탈 가운데서 가장 주술성이 잘 표현된 것은 바로 첫
째 마당 오방신장무의 오방신장탈이다. 고려와 조선시대의 방상씨
가면이나 궁중나례의 탈과 마찬가지로 이 탈은 액막이 귀신의 형용을
하고 있다. 특히 오방신장 가운데 중앙 황제장군의 가면은 눈초리가
위로 치켜 올라가 있고, 코는 '일자(一字)' 모양을 하고 있으며, 입에

는 이가 드러나 보이는데, 특히 송곳니가 크게 강조되고 뻗어 나와 있다. 이 송곳니의 돌출은 이 탈을 쓴 등장인물이 서낭임을 상징한다. 콧구멍 아래쪽은 세모로 뻥 뚫려 있다. 두 볼에 주름이 코허리 양쪽에 팔자로 그려졌고, 마름모꼴로 작게 뚫린 입가에 입술과 콧수염이 아래 위에 흑색으로 그려졌으며, 턱수염이 검게 늘어져 끝이 왼쪽으로 꼬부라졌다. 귀는 길쭉하게 양쪽에 붙어 있으며, 눈썹과 눈 사이에 구멍을 내어 밖을 내다볼 수 있게 하였다. (종이탈, 27㎝×74㎝)

둘째 마당 문둥놀이의 탈들은 주술성과 연행성을 두루 갖추고 있다. 다른 탈들은 대개 종이로 만든 데 견주어서, 문둥탈만은 바가지로 제작되었다. 문둥이탈은 무엇보다도 입이 매우 크고 길게 강조되어 있고, 두 개의 이빨이 매우 길어 아랫입술을 뚫고 나가 있다. 이러한 이빨의 모양도 역시 이 탈을 쓴 인물이 서낭임을 상징한다. 반면에 코는 각이 지고 투박하게 표현하였고, 양쪽 눈은 동그랗게 구멍을 내고 그 주위를 도드라지게 표현하여 해학적인 모습을 하고 있다. 문둥이가 등장하면서 오광대의 탈판은 술렁이기 시작한다. 이때 문둥탈의 모습은 난장을 트게 하는 활력소의 구실을 한다. 판을 벌려서 관객들 속에 숨어 있는 신명을 분출하도록 자극하는 기능을 하는 것이다. 문둥탈의 모습을 보고 있자면, 그것이 단순히 배역 인물의 성격에 따라서 고정된 인상이 아니라, 극적 상황에 따라서 수시로 표정의 변화를 일으키는 것 같이 느껴진다.

황탈을 자세히 보면, 황색을 칠한 면에 가장자리를 뻥 둘러서 회색 털을 붙였다. 눈은 붕어 모양으로 은박지를 그려 붙이고, 그 위에 먹으로 그렸으나 왼쪽 눈은 수직으로 곤두섰으며, 두 눈알은 동그랗게

황탈

뚫려 있다. 코는 사각형으로 은지를 오려 붙였으며, 코끝은 삼각형의 은박지를 붙이고, 콧구멍 쪽은 텅 비어 있다. 크게 벌린 입은 반원을 이루었고, 왼쪽으로 비뚤어졌다. 입은 뚫려 있는데, 그 사이로 송곳니가 날카롭게 솟아 있다. 양쪽가의 윗니가 아랫입술을 파고 들어가 있다. 입술은 두툼하게 붙이고 붉게 칠하였다. (바가지탈, 25cm×27cm)

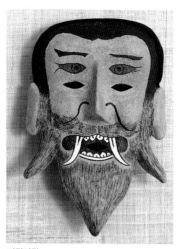

어딩이탈

어딩이탈은 백회색으로 칙칙하게 칠한 면에 머리는 검게 그렸으며, 눈썹과 눈은 수평을 이루었고, 눈 좌우에 붉은 점이 찍혔으며, 눈꼬리는 붕어 꼬리 같이 찢어졌다. 눈 아래에 연희자가 볼 수 있게 두 눈구멍이 뚫려 있고, 두 볼에 주름이 팔자로 그려졌다. 코는 세모로 오뚝하게 솟았으며, 콧구멍 쪽은 세모로 텅 비어 있다. 입은 마름모 꼴로 작게 뚫려 있고, 입술을 붉게 칠한 사이로 양쪽가의 윗니가 특히 삐죽이 솟아 나왔다. 코 밑 수염이 무성하고 두 뺨의 구레나룻이 길게 자라 세 개의 뿔 모양을 이루었다. 두 귀는 양쪽에 붙어 있다. (종이탈, 22cm×32.5cm)

124

무시르미탈은 갈색을 칠한 면에 붉은 반점이 전면에 찍혀 있다. 머리는 검게 그렸고, 눈썹은 눈과 함께 위로 올라갔으며, 코는 세모로 오뚝하게 솟았고, 콧구멍 쪽은 세모로 텅 비어 있다. 두 볼에 주름이 팔자로 그려졌고, 입은 작게 마름모꼴로 뚫렸으며, 입술은 붉게 칠하였다. 턱은 둥글고 커서 얼굴

무시르미탈

의 많은 부분을 차지하였다. 두 귀는 양쪽에 붙어 있다. (종이탈, 25cm×32cm)

탈의 유형적 조형성이 잘 나타나 있는 것은 바로 생원을 비롯한 셋째 마당에 등장하는 양반들의 탈이다. 양반탈들은 허세와 위선, 비굴과 공격성을 동시에 가지고 있는 양면적 존재인 양반의 유형을 표현한다. 생원탈은 백면서생의 모습처럼 기본적으로 갸름한 면에 흰색을 칠하였다. 눈썹은 검은데, 눈썹 끝은 위로 꼬부라져 올라갔으며, 눈알은 동그랗게 뚫렸는데, 눈테두리와 눈알 가장자리는 검은색으로 그렸고, 눈자위는 도드라져 있다. 콧구멍과 입은 크게 뚫렸다. 입은 반달형인데, 입술은 붉은색

말뚝이탈

을 칠하였으며, 아랫입술은 윗입술에 견주어 넓다. 코 밑과 좌우 턱에는 수염을 붙였던 구멍이 여러 군데 뚫려 있다.

반면에 말뚝이탈은 어깨를 덮을 정도로 크기가 크다. 그래서 탈을 쓴 몸이 왜소해 보일 정도가 된다. 이 탈은 말뚝이라는 민중을 대표하는 상징적인 인물을 형상화하고자, 강렬한 인상을 특성화시키고 있다.

중탈

넷째 마당의 중탈 역시 유형적 조형성을 가진 탈이다. 검은색을 칠한 면에 이마에는 두 가닥의 흰 주름이 있고, 흰 눈썹이 도드라져 나와 있다. 두 눈알은 길게 뚫렸는데, 눈자위는 희고 눈 테두리는 누런색을 칠하였다. 콧구멍은 크게 뚫렸고, 코밑과 입 가장자리에는 흰 점이 많이 찍혔다. 입은 뚫렸고, 입술은 붉은색을 칠하였다. (19cm × 27cm)

할미탈

마지막 할미 마당의 할미탈도 종이탈로서 머리, 눈썹, 주름을 검은색으로 그렸고, 입은 구멍을 뚫었다. (23cm × 28cm)

탈의 가치는 형태적 아름다움에만 있는 것이 아니다. 오히려 탈의 가치는 그것이 탈놀음의 제의성,

126

연극성, 놀이성에 기여하는 데서 찾아질 수 있다. 마당판을 정화하는 제의적 성스러움을 가진 오방신장탈, 탈판의 신명을 불러일으키는 연행성과 제의성을 동시에 가진 문둥탈, 세상의 탈을 형상화한 양반탈과 말뚝이탈, 할미탈은 각각 특유의 아름다움을 갖고 있다.

진주의 두 문화와 진주 오광대

　진주는 전근대 시대의 영남 문화권의 중심지였다. 조선시대만 보더라도 1392년에 진양대도호부가 되었다가, 1393년에는 진주목이 되었고, 1608년에는 경상우도 병마절도사영이 설치되었다. 그러다가 1896년, 경상도가 남북으로 나뉠 때에는 경상남도 도청이 자리를 잡은 곳이다. 진주는 영남의 행정적인 중심이었을 뿐만 아니라, 역사적 사건의 중심이었다. 왜적의 침략에 맞서 1592년과 1593년에 진주성 싸움을 벌였고, 의기 논개가 촉석루 아래 의암에서 왜장을 안고 남강에 몸을 던졌으며, 경(敬)과 의(義)를 중시하는 남명(南冥) 사상을 배우고 익혀 의병 활동을 벌였다. 1862년에는 진주농민항쟁이 일어났으며, 1923년에는 백정의 신분 해방을 부르짖으면서 형평운동(衡平運動)

을 일으켰던 곳이다. 외세와 불의에 맞서 싸우면서, 정의를 실천하고, 평등사회를 이룩하려는 정신과 기풍이 면면히 이어져오는 지역이다. 진주는 이처럼 오랜 세월 행정적으로 뿐만 아니라, 상업, 교통, 문화의 중심지였고, 지금도 경남 서부 지역의 대표적인 도시로 그 기능을 수행하고 있다.

이런 진주에는 두 개의 상반된 문화적 전통이 이어져 왔다. 그 가운데 하나는 이른바 지배계층의 문화이고, 다른 하나는 피지배계층의 민중문화이다. 그 두 문화는 때로는 서로 극단적으로 대립하고 충돌하기도 하고, 때로는 서로 타협하고 협력하면서 진주의 역사를 이루어 왔다. 진주농민항쟁이 두 문화가 극단적으로 대립한 사건이었다면, 진주성 싸움은 두 문화가 서로 협력한 본보기이다. 그래서 외지인들은 진주를 영남의 대표적인 양반문화 도시라고 일컫는가 하면, 우리나라 민중운동의 발원지라고 여기기도 한다. 두 문화의 갈등과 대

1930년대의 진주 시가지. 진주에는 예로부터 서로 다른 두 개의 문화가 공존·경쟁하며 발전해 왔다.

립, 그리고 화해와 상생이 신수의 다양한 얼굴을 형성해 온 것이다. 진주를 중심으로 남명학파의 학문적 전통이 면면히 이어 올 수 있었던 것이나, 민중의식의 폭발적 각성이 드러날 수 있었던 것은 두 문화 사이의 대립과 극복의 전통이 있었기 때문인지도 모른다.

오늘날 그러한 문화의 계급적 구분은 사라졌지만, 진주 전승예술의 양상 속에는 그 두 문화의 흐름이 여전히 남아 있다. 진주 검무, 교방굿거리, 그리고 한량무가 대표하는 교방예술이 지배계층이 향유하던 문화였다면, 진주 오광대와 진주 농악 등은 민중이 즐기던 민중예술이었다. 교방예술이 지방 관아의 교방청에서 관기와 악공들에 의해서 전승되던 예술이라고 한다면, 농악과 탈춤은 농민과 전문 재인들이 전승한 세시풍속의 예술이다. 교방예술이 우아미와 장중미, 그리고 정중동의 내적 아름다움을 지녔다면, 민중예술은 신명을 풀어내는 역동적인 힘과 골계미를 가지고 있다. 두 예술은 뚜렷한 정체성을 가지고 양분된 전승주체에 의해서 이어져 왔다.

문화의 두 가지 계급적 양상이 전승예술의 형태로 온전히 남아 있는 곳은 전국적으로도 매우 드물다. 따라서 진주가 문화예술의 도시로 성장하고자 한다면, 이 두 문화예술의 전통을 균형 있게 이어가는 동시에, 그 두 문화가 접촉하고 상호 작용하는 기회를 끊임없이 만들어 가야 한다. 서양문화와 동양문화가 종합되고, 과학문화와 전통문화가 융합되며, 팝과 오페라의 퓨전이 시도되는 이 시대에 교방문화와 민중문화의 새로운 문화적 종합은 과연 불가능한 것인가?

진주 오광대는 두 문화의 접점에서 어떤 아름다운 예술이 발생할수 있다는 좋은 사례를 보여준다. 진주 오광대의 춤과 장단이 그토록

130

아름답고 흥겨울 수 있는 것은, 그것이 다른 문화와 끊임없이 만났기 때문일 것이다. 이는 다름 아닌 진주 교방(教坊)의 춤과 풍악이다. 진주 교방의 예술은 '북 평양, 남 진주'라는 말로 널리 알려졌다. 19세기 말에 잠시(1869~1870) 진주목사로 내려온 정현석(鄭顯奭)은 교방예술을 기록, 정리한 《교방가요(教坊歌謠)》를 남겼다. 그런 진주 교방의 예술은 일제의 침략으로 나라가 무너지고 교방이 문을 닫은 뒤에도 면면히 이어져 1930년대에는 진주를 전국에서 가장 활발한 국악의 고장으로 만들었다. 진주오광대가 아름답고 화려한 삼현육각 바라지를 가졌던 것이나, 양반−말뚝이 과

국립중앙도서관 소장본
《교방가요》표지

고려대학교 도서관 소장본
《교방가요》표지

장의 팔선녀춤과 같은 독보적인 춤을 확보할 수 있었던 것은 오로지 진주 교방의 예술 덕분이다. 팔선녀의 춤은 진주 교방에 전해오던 교방굿거리춤 그대로인데, 이것이 이미 1928년 이전에 진주 오광대 안에 들어와 어우러진 것을 보면, 진주 교방 연예가 진주 오광대에 끼친 영향이 적지 않았으리라는 짐작을 할 수 있다.

　진주의 교방예술 역시 민중예술과 만나면서 개성 있는 춤사위를 갖게 되었다. 오늘날에도 김수악 선생이 보여주는 교방굿거리 속의 깽쇠춤은 다른 어떤 지역의 굿거리춤에서도 발견할 수 없는 것이다. 깽쇠는 농악풍물의 대표적인 악기이며, 깽쇠가 교방춤에 유입된 것은 진주를 중심으로 활동한 유랑예인집단 숫대쟁이패 연행의 영향이라

김수악의 교방굿거리춤 (진옥섭, 《노름마치》2, 생각의 나무, 2007, ⓒ최영모)

고 할 수밖에 없다.

　교방굿거리 속의 깽쇠춤이나 진주 오광대 속의 팔선녀춤은 진주의
두 문화가 서로 적지 않은 영향을 주고받았다는 증거이다. 이 춤들은
다른 지역의 춤에서는 보기 어려운 진주 예술만의 독특한 아름다움을
가지고 있다. 두 문화가 만나는 지점에서 새로운 예술의 창조가 가능
했던 것이다.

우리는 왜 탈춤 문화 운동을 하는가

탈춤은 아주 오랜 옛날부터 전해져 오는 한국의 민속놀이의 하나이다. 그것은 탈을 쓰고, 몸짓도 하고, 음악에 맞추어 춤도 추며, 노래도 하고, 이야기도 하면서, 극적인 이야기를 펼치는 일종의 연극이다. 원래 마을굿의 일부로서 시작된 것이 대륙에서 전래된 산악백희(散樂百戲)의 영향을 받아서 민속극(民俗劇)으로 발전된 것이다. 탈춤이 지금의 모습으로 나타난 것은 대략 17세기 중엽이다. 탈춤은 춤이 활기차고, 대사에 대담한 풍자와 패러디, 그리고 욕들이 포함되어 당시 민중의 웃음과 눈물을 자아내었다. 세계 어느 나라의 민속극에서도 볼 수 있듯이, 탈춤은 당시의 특권계급과 그들의 타락한 윤리에 대한 비판정신을 구체적으로 연출하는 민중극이다. 이러한 전통탈춤이 왜

21세기 초엽에 또 나시 분화 운동의 하나로 등장하고 있는 것일까? 왜 우리는 진주 오광대를 재연하여 이를 매개로 문화 운동을 벌이고 있는 것일까? 이것을 이해하기 위해서는 먼저 우리나라에서 벌어져 온 탈춤 문화 운동의 역사를 잠시 더듬어 볼 필요가 있다.

우리나라의 탈춤 문화 운동은 역사적으로 볼 때 크게 세 시기로 구분할 수 있다. 첫째는 19세기 중엽의 탈춤 전성기이다. 이때는 조선조 말기로서, 조선의 유교적 전통이 붕괴되면서 전통적인 신분 질서가 와해되어 가는 때였다. 반면에 상민(常民)과 중인(中人)들의 의식이 성장하면서 그들이 경제적 기반을 가지게 되었고, 자신들의 고양된 의식을 예술적으로 표현하기 시작한 때였다. 당시 각 지역에서는 농민들의 항쟁이 벌어지기도 했다. 진주농민항쟁이 일어났던 1862년 무렵이 바로 탈춤이 전국적으로 가장 활발하게 공연되었던 시기이다. 1870년부터 1880년 사이가 탈춤 공연이 최고조에 이른 때이고 진주 오광대가 오늘날의 모습으로 성립된 것도 이 무렵이다.

두 번째는 1920년대 말부터 1930년대 초에 이르는 일제강점기의 탈춤 부흥 운동이다. 1920년대 초반 진주에서는 형평운동이 전개되고 있었다. 그것은 백정(白丁)들의 해방 운동이었고, 전국적인 규모로 확대, 전개된 인권 운동이었다. 이와 더불어 진주를 비롯한 각 지역에서는 우리의 전통민속극 부흥 운동이 일어났다. 우리 민족의 전통문화를 회복함으로써 나라의 독립을 꾀하자는 생각이 밑바탕에 있었다.

세 번째는 1970년대 대학가에서 전개된 탈춤 문화 운동이다. 그것은 독재정치에 맞서는 반체제 운동이었고, 근대화·산업화에 저항하는 반문화 운동이기도 했다. 서구의 문화적 제국주의에 대한 저항이

1970년대 대학 탈춤패의 도시 빈민 지역 공연

기도 했고, 새마을운동으로 대변되는 '반전통'과 '탈민속'에 대항하는 '전통'과 '민속'의 지향이었다. 독재와 근대화, 산업화 과정에서 등장한 억압적 세력에 대한 피억압계층, 즉 대학생, 농민, 노동자, 여성들의 인권 운동이기도 했다. 그들은 자신들의 상황과 의식을 탈춤이라는 매체를 통해서 표출하고자 했다.

이렇게 보면, 대략 30~40년 주기로 탈춤 문화가 활발히 부흥하거나 전성기에 이르렀다. 이런 주기대로 라면, 이제 2010년 전후가 다시 한번 탈춤 문화 운동의 르네상스기가 될지도 모른다. 그러나 잊지 말아야 할 것은, 앞으로 지향하는 탈춤 운동은 지난날의 탈춤 운동과는 근본적으로 다른 점이 있어야 한다는 사실이다. 과거의 탈춤 문화 운동, 나아가 민중 문화 운동이 정치문제를 선결과제로 놓고 거기에 종속되어 있었다면, 21세기의 문화 운동은 오히려 정치·경제적인 변혁이나 진보를 이끌어내는 문화적 패러다임으로의 위상 변화가 있어야 한다는 것이다. 정치에 종속되는 문화 운동이 아니라, 정치를 이끌어가는 문화 운동이 되어야 할 것이다.

그러면 21세기의 탈춤 문화 운동은 구체적으로 무엇을 지향해야 할 것인가?

첫째, 탈춤 문화 운동은 민중의 문화적 생산력과 전승력의 회복을 지향한다. 현대의 대중문화는 대중의 문화적 생산력을 말살하고 있다. 소수의 독점 문화자본주의자들이 문화를 독차지하고 있다. 대중 또는 민중들은 그저 소수 문화엘리트의 상업적 짓거리를 향유할 따름이다. 그런데 대중의 자발적 문화 활동으로 아직 남아 있는 것이 바로 전통예능이다. 우리가 탈춤 운동을 하는 것이 바로 이러한 문화적 생산력을 민중에게 되돌려 주기 위한 것이다. 전통예술 활동을 하면서 가장 안타까운 것이 바로 우리나라의 문화재 보호 제도이다. 문화재 보호법이 있는 나라는 세계에서 일본과 한국, 그리고 대만뿐이다. 전통문화의 일부 또는 어떤 종목의 전통예능이 절멸 상태에 있을 때는, 이를 막기 위한 긴급조치로 그것을 문화재로 지정하여 보호하는 일이 필요할 수도 있다. 그러한 제도 덕분에 그나마 한국의 전통예술 가운데 몇 가지가 살아남았는지도 모른다. 하지만 이 제도는 개선될 필요가 있다. 왜냐하면 문화재 보호 제도가 오히려 전통문화의 자연스런 전승과 발전을 가로막고 있기 때문이다. 우리가 추구하는 탈춤 운동은 '탈춤의 자연스러운 발전 방향'을 택하고 있다. 탈춤이 자연스럽게 발전해 왔다면, 지금은 어떤 모습일까? 여전히 불가(佛家)의 중들을 풍자하고 있을까? 아니다. 오늘날 한국의 종교적 상황에 주목한다

창작탈춤 〈백정〉

면, 탈춤은 초대형 교회의 세습 목사들을 풍자하고 있어야 할 것이다. 탈춤이 과연 아직도 양반을 풍자하고 있어야 할까? 그렇지 않다. 화물차로 현금을 날라다가 정치자금으로 쓰는 국회의원·정치인을 풍자 대상으로 삼아야 할 것이다. 탈춤은 아직도 몰락한 양반의 처첩관계를 풍자하고 있어야 할까? 아니다. 요새 수없이 문제되고 있는 남녀의 불륜을 풍자해야 할 것이다. 전통탈춤에 등장하는 말뚝이가 오늘날 살아서 다시 등장한다면 어떤 역할을 할까? 현대판 말뚝이는 어떤 모습, 어떤 직업, 어떤 성격의 인물이었을까? 이렇게 오늘날 우리 시대의 문제들을 전통적 미의식을 바탕으로 표현하는 것이 전통문화의 참다운 전승이 아닐까? 진주오광대보존회가 제작한 창작탈춤 〈백정〉은 바로 이런 생각에서 만들어진 것이다.

둘째, 탈춤 문화 운동은 인권, 생명, 환경 운동을 위한 기반적 가치의 발굴과 창조를 지향한다. 일본에도 우리의 탈춤과 비슷한 것이 있다. 카구라〔神樂〕라는 것이다. 그런데 일본의 카구라는 일본 신화를 주된 배경으로 삼고 있고, 아직도 종교적 색채가 강한 것과 달리, 한국의 탈춤은 종교적·제의적 성격에서 많이 벗어나서, 예술성과 오락성이 강하다. 모든 예술이 제의로부터 예술로 이행했다는 관점에서 보면, 카구라는 우리의 무속인 굿과 탈춤을 합쳐 놓은 것과 비슷하다. 카구라는 제의로부터 덜 이행되었고, 탈춤은 더 이행되었다. 카구라를 보면, 우리의 탈춤이 아주 옛날에는 저런 모습에 가까웠겠다고 상상하게 된다. 그런데, 이 두 가지에서 가장 다른 점은 우리나라의 탈춤은 매우 사회비판적이고 풍자적이라는 점이다. 탈춤이 가장 왕성했던 19세기 중반 조선조 말기는 민중의 의식이 매우 각성된 때라고

말할 수 있다. 민중이 자신들의 인권을 요구하기 시작한 때이다. 따라서 당시의 지배계층인 양반 사회가 갖는 모순을 고발하고, 풍자하는 내용이 매우 강하다. '말뚝이'라는 민중의 대표적인 인물이 등장하여 양반을 조롱하고, 그 허물을 드러낸다. 그러면서도 무작정 공격적인 것이 아니다. 매우 우회적이고 풍자적으로 비판한다. 관객은 겉으로 웃지만, 속으로는 탈춤의 메시지를 알아듣는다. 그것은 매우 인권지향적인 메시지이다. 그것은 평등한 세계, 대동적(大同的)인 세계, 신분적·계급적 모순이 타파된 세계를 지향한다.

한편 탈춤에는 전형적으로 양반 가족의 처첩 갈등이 묘사되는데, 그 갈등의 결과로 할미는 죽음에 이르게 된다. 그 생명을 살려 보려고, 경도 읽고, 의원이 침도 놓고, 마지막에는 무당을 데려다가 굿도 한다. 그러자 할미는 살아난다. 이것은 민중의식 속의 삶과 죽음의 의미를 담고 있다. 동시에 민중의 문제 해결 방식을 보여준다. 그것은 어느 일방에 대한 배제와 증오와 파괴의 방법이 아니다. 민중의 방법은 관용과 상생과 화해의 방법이다. 이러한 탈춤의 메시지는 아직도 필요하다. 인권 존중, 생명의 존엄, 그리고 생태학적 요구를 담은 탈춤이 그러한 메시지를 이어가고 새롭게 던져 줄 것이다.

이런 관점에서 보면, 오늘 세계의 인류가 맞닥뜨린 상황을 정치적으로 또는 경제적으로만 해결하고자 하는 것은 이미 낡은 생각이다. 생명운동·환경운동을 과학기술만으로 해결해 보고자 하는 것도 이미 낡은 접근 방법이다. 이제 그러한 운동들은 새로운 기반을 확보해야 한다. 그것이 바로 문화이다. 인권의 문제는 결코 개인적 자유와 기회 균등화의 문제로 한정되지 않는다. 그것은 개인의 미학적 생산성과 창조적 아이디어의 문제와도 연결된다. 인간은 자기 나름의 생각을 개성 있게, 그리고 아름답게 표현할 수 있을 때, 진정으로 자유롭다고 할 수 있기 때문이다. 그러므로 지금은 새로운 문화와 문화적 가치의 생성을 위한 창조력이 강조될 필요가 있다. 문화를 매개로 오늘날의 삶의 문제를 근본적으로 해결해 나가자는 운동이 바로 문화운동이다. 그렇다면 문화 운동은 곧 인권 운동이요, 생명 운동이며, 환경 운동이다.

셋째, 탈춤 문화 운동은 동아시아의 미적 양식을 추구한다. 모든 기계의 부품들이 모듈화되듯이 세계도 모듈화하고 있다. 각 나라와 민족이 세계문화의 최소 부품이라면, 아시아 ― 특히 동아시아문화는 세계문화를 구성하는 하나의 모듈이다. 이미 유럽은 하나의 경제적·정치적 모듈을 형성하고 있다. 이러한 경향이 세계적으로 확산될 조짐이다. 유럽이 하나의 정치문화권을 형성할 수 있었던 것은 공통적인 예술적 기반이 있기 때문이다. 발레도 있고, 현대무용도 있고, 연극도 있고, 관현악도 있고……서구문화권이 공통으로 만들어 낸, 서로의 예술적 생산력을 경쟁하는 미적 양식이 있다. 그것이 세계문화의 한 모듈로서 서구문화의 힘이 된다. 아시아에는 그런 공통의 미적 양식이 없는 것인가? 그렇지 않다. 우리는 산악백희라는 공통의 양식이 있었다. 산악백희는 한국·중국·일본의 공통적인 문화 양식이라고 할 수 있다. 바로 그런 것을 다시 찾아보려는 것이 탈춤 문화 운동이다. 아시아적인 문화적 에토스의 근원을 추구하는 일이 바로 탈춤운동이다. 창작탈춤 〈백정〉은 아시아의 미적 양식인 산악백희의 부활을 추구하고 있다.

넷째, 탈춤 문화 운동은 과학문화와 전통문화의 융합, 글로칼라이제이션(glocalization)을 추구한다. 일상적 삶을 풍요롭게 하기 위해서 우리는 과학기술에 의존하지 않을 수 없다. 우리나라와 같이 지하자원이 부족한 나라들은 국가적 부를 축적할 수 있는 별다른 수단이 없다. 오직 사람의 손과 머리가 있을 뿐이다. 따라서 우리의 신체적 삶, 일상적 삶을 풍요롭게 하고 나아가 확대·심화하기 위해서는 과학기술이 필요하다. 그러나 과학기술의 발전을 위해서 없어서는 안 될 것이 바로 창조력이다. 그 창조력의 근원은 바로 미적 양식과 활동에 있다. 한 민족 고유의 미적 양식은 그 민족의 전통예술 속에 온축되어 있다. 우리에게는 굿과 탈춤이 있다. 그것은 우리의 문화적 생산력의 보물 창고이다. 이 보고를 지키고 전승하는 일, 그것은 얼마나 소중한 일인가? 우리가 추구하는 탈춤 문화 운동은 바로 그런 일이다.

우리는 너쩔 수 없이 과학기술문화 속에서 살아야 한다. 그런데 과학기술에는 근본적인 성격이 있다. 그것은 일반성과 보편성을 추구한다는 것이다. 과학은 일반적인 이론을 추구한다. 다시 말하면 과학은 보편적인 법칙을 추구하며, 획일적인 방법을 요구한다. 과학은 누구에게나 수락될 수 있는 객관적이고 상호주관적인 믿음을 추구한다. 그러한 과학기술문화의 귀결이 바로 세계화이다. 그것은 과학기술에 바탕을 둔 서구적 삶의 양식을 전 세계적으로 획일화하는 것이다. 그러므로 과학기술만 가지고는 각 민족이나 국가의 문화적 개성을 유지할 수 없다. 우리가 과학기술의 문화 속에서만 산다면 세계는 모두 똑같은 모습일 것이고 똑같은 삶의 양식을 가질 수밖에 없을 것이다. 그것은 얼마나 단조롭고 재미없는 세계의 모습인가? 서로가 다르고, 개성이 있고, 다채로워야 아름다운 세계가 아닐까? 그래서 필요한 것이 지역화이다. 세계화가 진행될수록 요구되는 것이 바로 지역화이다. 그러한 지역화의 바탕이 되는 다채로움과 다양성, 개성의 근원은 바로 전통문화에 있다. 이 두 가지의 문화, 즉 과학기술문화와 전통문화, 나아가 세계화와 지역화를 융합시키고자 노력하는 일이 앞으로 우리 삶의 중요한 과제가 될 것이다.

진주는 작은 도시이다. 비록 작지만, 문화재로 지정된 여러 가지 전통예능이 있는 고장이다. 국가 중요무형문화재인 진주 검무가 있고, 경상남도 무형문화재인 한량무, 포구락무, 교방굿거리춤, 그리고 진주 오광대가 있다. 진주의 문화재들은 진주의 소중한 문화적 자산이다. 그것은 전 세계에서 오직 진주에만 있는 것들이다. 그것은 우리가 자랑스러운 진주 사람임을 새삼 일깨워 준다. 때문에 진주 전통 문화는 우리 지역적 삶의 정체성의 기반이라고 할 수 있다. 그런 의미에서 우리의 탈춤 운동은 바로 세계화 속의 지역화, 지역화를 토대로 한 세계화를 이루는 바탕이기도 하다. 그러므로 진주 오광대는 우리가 추구하는 글로칼라이제이션의 중요한 매개물의 하나이다.

참고문헌

강용권, 《野遊 五廣大》, 형설출판사, 1977.

김수업, 〈진주오광대의 오문둥놀음〉, 《배달말》 23, 배달말학회, 1998.

박진태, 《탈놀이의 기원과 구조》, 새문사, 1990.

서연호, 《野遊 · 五廣大 탈놀이》, 열화당, 1989.

―――, 《한국가면극 연구》, 월인, 2002.

송석하, 《한국민속고》, 일신사, 1960.

이두현, 《한국연극사》, 학연사, 1999.

―――, 《한국의 가면극》, 일지사, 1979.

전경욱, 《한국가면극: 그 역사와 원리》, 열화당, 1998.

정상박, 《오광대와 들놀음 연구》, 집문당, 1986.

정현옥, 〈진주오광대 연구〉, 이화여자대학교 석사논문, 2000.

조동일, 《탈춤의 역사와 원리》, 홍성사, 1979.

진주오광대보존회 편, 《진주오광대》, 2002.

채희완 편, 《탈춤의 사상》, 현암사, 1984.

최상수, 《野遊 · 五廣大 가면극의 연구》, 성문각, 1984.